EINSTEIN'S GREATEST MISTAKE

The Life of a Flawed Genius

爱因斯坦也犯错

天才的一生

[美] 戴维·博达尼斯 著

李军刚 李力 程书明 译

外语教学与研究出版社
FOREIGN LANGUAGE TEACHING AND RESEARCH PRESS
北京 BEIJING

京权图字：01-2019-4667

图书在版编目（CIP）数据

爱因斯坦也犯错：天才的一生 /（美）戴维·博达尼斯（David Bodanis）著；李军刚，李力，程书明译．-- 北京：外语教学与研究出版社，2019.9
书名原文：EINSTEIN'S GREATEST MISTAKE: The Life of a Flawed Genius
ISBN 978-7-5213-1187-7

Ⅰ．①爱… Ⅱ．①戴… ②李… ③李… ④程… Ⅲ．①爱因斯坦（Einstein, Albert 1879–1955）－传记 Ⅳ．①K837.126.11

中国版本图书馆 CIP 数据核字（2019）第 261940 号

出 版 人　徐建忠
项目策划　刘晓楠
责任编辑　刘晓楠
责任校对　蔡　迪
装帧设计　李　高
出版发行　外语教学与研究出版社
社　　址　北京市西三环北路 19 号（100089）
网　　址　http://www.fltrp.com
印　　刷　北京华联印刷有限公司
开　　本　720×980　1/16
印　　张　15
版　　次　2020 年 2 月第 1 版　2020 年 2 月第 1 次印刷
书　　号　ISBN 978-7-5213-1187-7
定　　价　69.00 元

购书咨询：（010）88819926　电子邮箱：club@fltrp.com
外研书店：https://waiyants.tmall.com
凡印刷、装订质量问题，请联系我社印制部
联系电话：（010）61207896　电子邮箱：zhijian@fltrp.com
凡侵权、盗版书籍线索，请联系我社法律事务部
举报电话：（010）88817519　电子邮箱：banquan@fltrp.com
物料号：311870001

记载人类文明
沟通世界文化
www.fltrp.com

君子之过，如日月之食

方在庆

中国科学院自然科学史研究所研究员

相对论光环之下的爱因斯坦是人们心目中的科学天才。当然，再伟大的科学天才也会犯错，而且，伟大的人物还常犯伟大的错误！博达尼斯的这本《爱因斯坦也犯错：天才的一生》想告诉你的就是这一点。

相比于其他科普读物，这本书植根于历史脉络，不但生动地讲述了爱因斯坦创建广义相对论的艰苦历程，也尖锐地指出了他后来与主流物理学界的脱节，他的自负与孤独，让我们看到了一个活生生的爱因斯坦——虽有缺点，但仍不失为世纪天才。“君子之过也，如日月之食焉。过也，人皆见之。更也，人皆仰之。”

博达尼斯是一位讲故事的高手，善于将复杂的物理学问题通过几条简单的线索展示出来，又将这一切置于历史发展脉络中。读完这本书，我们对爱因斯坦的智力发展史、他所处的社会环境、他的政治态度、他与同时代科学家的关系、他对量子力学的态度以及他的婚恋观等都有了非常直观的了解。简而言之，一切让爱因斯坦之所以成为爱因斯坦的元素都跃然纸上，缺一不可。我们有足够的理由把这本书看成一部别开生面的爱因斯坦传记，与“爱因斯坦也犯错”这一主题交相辉映的是爱因斯坦的科学观、世界观和人生观。

成名之后，爱因斯坦曾半开玩笑地对朋友说：“为惩罚我对权威的蔑视，命运也把我变成了权威。”按照博达尼斯的说法，“天才和傲慢，胜利和失败，都难以完全分开”。广义相对论的建立是爱因斯坦一生中最伟大的壮举，但随着他将之应用于宇宙学，也为他后来的惊人失败埋下了伏笔。爱因斯坦对待俄国数学家亚历山大·弗里德曼的态度变化，就是一个生动的例子。弗里德曼对爱因斯坦在场方程中加入宇宙常数项有所怀疑，他给爱因斯坦写信指出这一点。出乎意料，他没有收到回信。虽然好不容易用德语写成的文章后来成功发表在当时世界最著名的物理学期刊《物理学纪事》（*Annalen der Physik*，又译为《物理年鉴》或《物理学年鉴》）上，但比得不到回信更让弗里德曼震惊的是，爱因斯坦公开发表了批评他的文章。爱因斯坦检查了弗里德曼的计算，发现其中有一些瑕疵。但在他后来重新认真阅读弗里德曼的文章后，他不得不承认自己之前的反应有点儿过激，弗里德曼并没有犯任何数学上的错误，反而是他自己在计算上犯了错误。心胸坦荡的他给期刊写信，承认自己之前批评弗里德曼“关于弯曲空间”的工作的看法是错的。

爱因斯坦对弗里德曼的意见的反应，与他成名前的态度是不一样的。在他年轻的时候，他的新想法受到了前辈物理学家，包括极力提携他的普朗克的抵制。爱因斯坦是一个革命者，他独立思考，追求真理，蔑视权威。年近半百时，他早已变成了权威。虽然从未放弃对真理的追求，但“他已经接近物理学家从提出新想法转变为抵制新想法的年纪了”，“他曾经微妙地穿行于固执和灵活之间，但现在变得越来越保守”。

另外一个更大的挑战是爱因斯坦对量子力学的态度。“一个来自内心的声音”

告诉他世界不是这样运行的。他与玻尔、海森伯、玻恩等人之间的争论，更多反映的是不同哲学观之间的争论。爱因斯坦坚持定域实在论和严格的因果性。在他看来，“量子力学只是通向一个未来的确定理论的临时步骤，而未来的理论将不存在他所厌恶的随机性，并且能够为宇宙是如何运转的提供一个更加符合逻辑的、有序的解释”。量子纠缠违背了他的基本信念。为此，他不惜自我疏离于物理学界主流之外。“他坚信自己的直觉，这让他成了现代最伟大的科学家。然而，只抱有这一种方法又意味着他的自信很容易过度而变为教条主义。”

“一位伟人得到的尊重越多，他就越容易看不清现实。”这是一个极具讽刺意味的场景：在物理学界之外，爱因斯坦作为科学和智慧的象征，广受关注，但在物理学界内部，一些活跃的后辈对于爱因斯坦的高论并不以为然——这以泡利、朗道等人的态度最为典型。与玻尔身边聚集了众多的青年才俊相反，爱因斯坦孤寂地生活在普林斯顿。“随着年龄渐长，固执的性情使他的处境开始恶化。”作为爱因斯坦思想的坚定支持者，薛定谔本来是愿意也有可能加盟普林斯顿高等研究院的，但由于种种原因而未成行。

在科学之外，爱因斯坦的婚恋观常被世人诟病。他认为自己的两次婚姻都丢脸地失败了。究其原因，这与他所持的生活态度是分不开的。爱因斯坦的内心是自由的，他不愿意受到任何有形或无形的规则的约束。他曾经说过：“我是一个真正的‘独行者’，从未全心全意地属于过我的国家、我的家乡、我的朋友，乃至我最亲近的家人。面对这些关系，我从未消除那种疏离感，以及对孤独的需求——这种感觉随着岁月的流逝与日俱增。一方面，它能让人清楚地意识到，这将使自己与他人的相互理解和支持受到限制，但我毫无遗憾。这样的人无疑要失去一些天真无邪和无忧无虑。但另一方面，这样的人才能在很大程度上独立于他人的意见、习惯和判断，避免让自己内心的平衡置于这样一些不稳固的基础之上。”爱因斯坦与第一任妻子米列娃门不当户不对。然而，在芸芸众生之中，能和爱因斯坦在科学上交流思想、相互启迪的女性寥寥无几。在爱因斯坦的世界里，米列娃是当时唯一让他心仪的、具有科学头脑的女性。他之所以顶着世俗的压力与米列娃结合，更多是因为精神追求压倒了生活层面的因素；相反，他后来与埃尔莎的结合则更多地出于生活层面的考虑，与他对婚姻的期望相距甚远。资产阶级的精致生活可能会短暂地吸引他，但从本质上讲，他与这些格格不入。埃尔莎对爱因斯坦在生活上的照顾功不可没，但两人在思想上没有更多的相通之处。某种程度上，他也是一位悲剧人物。他深爱两个儿子，但长子与他并不亲近，次子患有精神疾病；他的内心的痛苦可想而知。差不多快到生命终点时，爱因斯坦的一片苦心才得到长子的理解，这多少也算一种迟到的安慰吧。

人无完人，金无足赤。我们没有必要苛求爱因斯坦。毕竟，我们今天在许多地方都受惠于他。“在影响我们的生活和加深我们对宇宙的理解方面，爱因斯坦的成就只有牛顿的可以媲美。”

一个也犯错误的爱因斯坦形象，一点儿也没有贬低他，相反，让我们觉得他更真实，因而也更伟大。当然，我们也没有必要完全认同作者在书中所说的一切，因为任何传记都会带有一定的主观色彩。但这本传记所呈现出的生动的、立体的爱因斯坦，却非常值得肯定。这本传记值得向所有对爱因斯坦感兴趣的读者强烈推荐。

方在庆

献给我的儿子萨姆

目录

爱因斯坦步行在回家的路上，1953 年，普林斯顿

序幕

1953年，普林斯顿。在默瑟街上，通常情况下游客们会呆在那座白色外墙的房子对面的人行道上。但是当看到一位老人慢慢地从大学校园里走回来时，他们会情不自禁地激动起来。这位老人通常穿一件长长的棉布大衣，当新泽西的风特别强劲时，他还会戴一顶黑帽，帽子下面露着那出了名的凌乱的头发。

有时最勇敢的游客会走过去，向老人表示自己的仰慕，或者请他签名。但大多数游客只会张口结舌，敬畏不前，保持礼貌的距离。因为这位离他们只有几步之遥的老人就是阿尔伯特·爱因斯坦，有史以来最伟大的天才，他充满智慧、布满皱纹的脸告诉人们他的洞察力比其他所有人都要强。

爱因斯坦是那个时代最伟大的科学家。他虽然为大众熟知，但通常却是独自一人走过这条路的，或偶尔与某个老友同行。尽管他仍在不断受邀去参加正装晚宴甚至电影开幕式——好莱坞明星如果有幸能够与他合影会感到无比的荣幸，但是活跃在前沿的科学家却和他没有什么联系了。这种状况已经持续了许多年。

这并不是因为他的年纪太大。爱因斯坦74岁时，伟大的丹麦物理学家尼尔斯·玻尔也已68岁，但是玻尔仍对新的思想持开放态度，这使得聪明的博士生喜欢花时间与他一起在哥本哈根人才济济的研究所中进行研究。但是，爱因斯坦与主流研究已经隔离了数十年。当然，在位于普林斯顿大学校园边上的高等研究院所举办的为数不多的研讨会上，听众还是对他报以礼节性的掌声。但这些掌声更像是给坐在轮椅上的年迈士兵的鼓励和安慰。爱因斯坦同时代的人把他当作了过去式，就连他亲近的朋友也已经不太认真对待他的思想了。

爱因斯坦能够感受到这种孤独。遥想当年，他的家中经常有很多年轻而活力四射的同事来访，喧闹的交谈声充满整个房间。但是后来，屋里开始变得安静。他的第二任妻子，丰满而健谈的埃尔莎在多年前去世了，后来他深爱的妹妹马娅也离他而去。

妹妹的去世使他倍感心痛。19 世纪 80 年代在慕尼黑时，还是孩子的他们就是形影不离的伙伴，那时候他们经常互相开玩笑或者一起搭建卡片城堡。在马娅的记忆中，有一次，当一个特别精致的城堡被一阵风吹倒后，爱因斯坦又顽强地重新建起来。“我或许不比其他科学家能力强，”他喜欢说，“但我有驴子一样坚持到底的脾气。”

爱因斯坦保留了他年轻时的顽强精神，但他的身体却不再像从前那样健康了。他的房间在楼上，里面存放着他的书和论文，楼下是他妹妹的房间。年纪大了以后，他在爬楼梯时动作变得很迟缓，并不时地停下来喘息一会儿。也许这并不算什么，他还有足够多潜心研究的时间。

他拥有现代社会最聪明的大脑，但为何晚年会如此孤独呢？

1915 年，战时柏林。爱因斯坦刚刚创造了一个宏伟的方程。这里说的不是那个著名的 $E=mc^2$——它出现在 10 年前的 1905 年。现在的这个方程更强大——它是著名的广义相对论的核心，是有史以来最出色的发现之一，如巴赫或莎士比亚的作品一样令人震撼。爱因斯坦 1915 年的这个方程只有简洁的两个核心项，但它揭示了时间和空间那难以想象的特性，解释了为什么黑洞会存在，指出了宇宙是如何开始的，以及将来可能如何结束，它甚至是今天全球定位系统等革命性技术的基础。爱因斯坦沉浸在他的发现中。“我最大胆的梦想已经成真。”他在给他最好的朋友的信中写道。

但是他的幸福很快被打断了。两年后的 1917 年，当他意识到天文学关于宇宙的形状的证据似乎与他的广义相对论相悖时，由于无法解释实际与理论的背离，他尽职尽责地修改了他的新方程，给它附加了新的一项，这破坏了方程原有的简洁。

然而，这次妥协只是暂时的。多年后，新的证据证明了他原先那个漂亮的想法是正确的。爱因斯坦又把方程改回了最初的形式。他把中间那次修改称为“我生命中最大的错误”[1]，因为它破坏了 1915 年那个简洁的原始方程的美。这次修改是

[1] 物理学家乔治·伽莫夫在爱因斯坦去世后的 1956 年第一次使用了这样的说法。由于伽莫夫措辞巧妙，而且爱因斯坦从来没有在其他的信件中使用过这样的词，因此一些历史学家认为这样的说法是伽莫夫编造出来的。——原注

爱因斯坦的第一个大错，随后他犯下了他最大的错误。

有了那次经历以后，爱因斯坦觉得，他参考了那些有缺点的实验证据是错误的，他应该鼓起勇气坚持自己的想法，直到天文学家们意识到他们自己是错的。他还总结出了另外一个结论，即在最重大的事情上他再也不必去关心实验给出的证据了。当他的批评者试图针对他后来的理论提出相反的实验证据时，他不理睬他们，并相信自己最终会被证明是正确的。

这是一个人的正常反应，但它却带来了灾难性的影响，因为它越来越严重地破坏了爱因斯坦随后的尝试，特别是在新兴的微观领域——量子力学方面的研究。爱因斯坦的朋友们，比如玻尔，恳求他听点儿劝。他们知道如果爱因斯坦能够接受新一代物理学家的新发现——正确的新发现的话，他超常的智慧会再一次改变世界。但爱因斯坦不想那样做。

他私下曾经有过些许犹豫，但很快抑制了这些想法。他在 1915 年的理论中揭示了我们宇宙的基本结构。当别人都错了的时候，他是对的。他决定不再被“误导”。

正是这种坚定的信念使他从新时代令人兴奋的量子力学研究工作中孤立了出来，并破坏了他在严谨的科学家中的声誉；也正是这种信念让他在默瑟街孤独地进行研究。

天才是如何达到事业的顶峰又淡出人们视线的？我们如何面对失败与衰老？我们如何失去了信任的习惯，又能否将它找回？这些就是本书的主题。此外，本书还将讲述爱因斯坦的（正确的和错误的）想法本身，以及他是如何一步步形成这些想法的。从这个意义上说，本书是一部双重传记，既是一个会犯错的天才的故事，又是一个关于他的错误的故事——讲述了这些错误如何开始、发展并固化得如此之深，以至于像爱因斯坦这样聪明的人也无法摆脱它们。

天才和傲慢，胜利和失败，都难以完全分开。爱因斯坦 1915 年的方程以及方程所撑起的整套理论，也许是他一生中最伟大的壮举，但同时也为他后来的惊人失败埋下了种子。要了解爱因斯坦在 1915 年的伟大发现，以及他之后是如何出错的，我们需要追溯到比这个时间更早的时期——爱因斯坦的早年，并探究从那时起就吸引住他的那些神秘之物。

I

天才出世

大学时期的爱因斯坦，1900 年前后

1

维多利亚时代的童年

爱因斯坦出生在1879年，在那时，两个重要的观念主宰着欧洲科学界，它们构成了爱因斯坦最伟大的工作中的大部分的背景。伟大工业文明正常运转需要的力量来自巨大的蒸汽火车上煤的燃烧，用来征服并控制敌人的战舰的火炮中火药的爆炸，甚至在通向世界各地的海底电缆中用来携带电报信息的微弱的电信号脉冲等。两个重要观念中的第一个是，这些力量都是一个基本而重要的概念的不同表现形式，这个概念叫做能量。这是维多利亚时代的核心科学观念之一。

维多利亚时代后期的科学家们认识到能量遵循某种不变的原则。矿工们把煤炭从地下开采出来，然后工程人员把加热这些煤得到的煤气输入高压管以点亮伦敦的街灯。但是如果不幸出了问题，气体发生爆炸，则气体爆炸产生的能量——漫天飞舞的玻璃碎片的能量加上空气迅速膨胀时的声波能量，以及飞到屋顶边缘的金属路灯碎片的势能，将精确地等于气体本身带有的能量。如果金属碎片再从上面跌落下来，其撞到路面的能量和发出的声能加上跌落时引起的风能将正好等于一开始把它推上去的能量。

能量不能被创造也不能被消灭，只能从一个地方传到另一个地方，或者从一个物体转移到另一个物体，但总量保持不变。这种认识看似简单，却有着广泛的应用。比如，维多利亚女王的一位仆人在女王的马车抵达伦敦市中心的白金汉宫时打开了马车的门，他肩膀输出的能量正好等于马车门缓缓转动的动能加上铰链摩擦产生的热能。在门最终关上后，其动能不会凭空消失，而是转换为门因撞击而产生的振动能和通过铰链的摩擦产生的热能。当女王缓步从马车上下来，在地面站稳时，她下车的动能将传给她脚下的地球，引起地球在公转轨道上微微颤动。

各式各样的能量彼此相关，不同种类的能量又巧妙地平衡。这就是被人津津乐道的能量守恒定律，它从19世纪中期开始被人们广泛接受。当查尔斯·达尔文提出我们星球上生命的诞生不需要伟大的上帝参与时，维多利亚时代的宗教信仰受到了极大的打击，而总能量守恒的美景总算给人们带来了些许安慰。能量如此神奇地守恒似乎证明了某只神圣的手早已触到了我们的世界，并且依然对我们产生作用！

在能量守恒最终为人们所理解的时代，欧洲的科学家们也拥有了主导19世纪物理学的第二个重要观念，即物质不灭原理。例如，让我们回到1666年伦敦这座欧洲最大的城市遭到大火袭击的时候。从面包店的焦油和木头中冒出的火焰从一个屋顶蹿到另一个屋顶，冒出滚滚的刺鼻浓烟，把住房、办公室、马厩甚至携带瘟疫的老鼠全都化为灰烬。

在17世纪，人们只看到了混乱的场面。但是到了1800年，即爱因斯坦出生之前约一个世纪的时候，科学家们意识到，如果有人能够把失火前的伦敦的一切——所有的房屋的木地板，所有的砖块和家具，所有的啤酒桶甚至到处窜逃的老鼠的质量测出来，然后再想方设法把大火后的所有的浓烟和灰烬以及大火过后摇摇欲坠的砖块的质量测出来，人们将会发现两次测得的质量严格相等[1]。

这个原理被称为物质守恒，在18世纪后期被人们越来越清楚地认识到。虽然不同时期的表述不尽相同，但大意却不变。在壁炉里焚烧木头，最终你将得到灰烬

[1] 此处原文如此，但两次测得的质量并非严格相等，因为燃烧过程中还有氧气的参与等问题。——编者注

和烟雾。如果你能把一个巨大的不透气的口袋罩在烟囱顶部和所有的通风口上，收集所有的烟雾，并测出它们的质量，然后加上所有灰烬的质量，再减去燃烧时从空气中得到的氧的质量，你会发现结果与木柴的质量精确地相等。物质可以改变形态，可以从木头变成灰烬，但在我们的宇宙中，它永远不会消失。

这两个观念——物质守恒和能量守恒将在爱因斯坦年轻时所接受的教育中和后来所取得的举世瞩目的成就中占据重要的位置。

1879 年，爱因斯坦出生在距慕尼黑约 75 英里[1]的德国小城乌尔姆的一个犹太家庭中。这个家族离开中世纪犹太聚居区来到这里生活只经历了短短几代。对于 19 世纪许多信奉基督教的德国人来说，这些外来的犹太人是异类，或者是下等的闯入者。而犹太人（几乎所有的犹太人都是正统的犹太教徒）感觉到外部世界带来了威胁和干扰。当基督教自身开始削弱时，这种感觉变得更强烈，因为两种宗教之间的界限被弱化了。18 世纪的启蒙思想——自由探索、科学以及可以通过研究外部世界来获得智慧的信念开始悄悄地传入犹太社区，并很快形成燎原之势。

在爱因斯坦父辈生活的时代，这些思想给移居德国的犹太人带来了福祉。爱因斯坦的父亲赫尔曼和叔叔雅各布主要靠自学获得了电气工程知识，他们开始做那个时代最新的技术工作，建立电动机及照明系统。1880 年，当爱因斯坦还是个婴儿时，赫尔曼和雅各布一起搬到了慕尼黑，并建立了以雅各布的名字命名的公司——雅各布·爱因斯坦公司，其主要业务是为满足城市不断增长的电力需求而供电。叔叔雅各布是一个务实的合作伙伴。父亲赫尔曼则比较爱幻想，一直喜欢数学，但是在十几岁时因需要帮衬家里而不得不离开学校。

他们的家庭很温馨，在爱因斯坦成长的过程中，他的父母对他关怀备至。4 岁左

[1] 1 英里约等于 1.61 千米。——编者注

右的时候，爱因斯坦被允许独自走上慕尼黑的街头——或者说是他的父母让他以为自己是一个人。至少有一次，他的家长之一——应该是他的母亲保利娜——在他的视线之外紧紧地跟着他，看着小爱因斯坦穿过车水马龙的道路，以确保他是安全的。

当爱因斯坦长到理解力足够强的时候，他的父亲、叔叔以及他们的长期房客开始向他解释电动机如何运作、灯泡如何工作，以及宇宙是怎样被分为能量和物质两部分的。爱因斯坦很快接受了这些观点。

爱因斯坦在十几岁的时候意识到，不管他的家庭多么努力地试图融入社会，慕尼黑都开始变得不友好了。在他 6 岁时，他父亲和叔叔的公司已经获得了慕尼黑啤酒节的第一个电力照明合同。但随着岁月的流逝，城市的新照明系统和发电机的合同越来越多地流向非犹太公司，即使它们的产品并不比爱因斯坦兄弟的产品好。有消息称，在意大利北部米兰附近繁荣的帕维亚，商业前景更好一些。1894 年，爱因斯坦的父母和妹妹马娅连同叔叔雅各布一同搬到那里，并尝试重新开展业务。而 15 岁的爱因斯坦则留了下来，寄宿在远房亲戚家中，以完成高中学业。

这段时光并不愉快。学校的严肃气氛与爱因斯坦家庭的温和特质形成了鲜明的对比。数十年后爱因斯坦回忆说："老师……在我看来就像军队的教官。"那些老师坚持让学生死记硬背地学习，希望培养出只会机械地服从命令的学生。爱因斯坦大概从 15 岁开始越来越厌烦上课。他的希腊语老师德根哈特博士曾对他大喊："爱因斯坦，你将一事无成！"爱因斯坦忠实的妹妹记录了这桩趣事，并对这个评价讽刺道："确实，阿尔伯特·爱因斯坦最终也没有混上希腊语语法教授的职位！"

爱因斯坦 16 岁时就退学了。如果他是被开除的，他会认为自己失败了，但因为这是他自己的决定，他实际上感到自豪，认为这是一种反叛行为。他独自回到意大利的家，在他父亲和叔叔的工厂工作了一段时间，同时对为他担心的父母说，他发现了一个不需要高中文凭的德语大学，这所大学也没有最低年龄要求。这所学校就是瑞士的苏黎世理工学院。爱因斯坦马上就报考了这所学校。虽然他的数学和物理学成绩都非常优秀——当年的家庭教育起了作用，他却没有用心对待德根哈特。因此，据爱因斯坦后来回忆，由于他没有认真备考，他的法语和化学成绩拖了他的后腿，苏黎世理工学院把他拒在了门外。

他的父母并不太惊讶。“我很久以前就习惯了，”他父亲写道，“我收到的成绩单上的成绩总是优劣并存。”爱因斯坦承认这么早申请是一个错误。他在瑞士北部距苏黎世不远的山谷地区找到了一个寄宿家庭，准备第二年参加辅导班，然后再试一次。

爱因斯坦寄宿的家庭是温特勒一家，他们欣然邀请爱因斯坦与他们一起坐在桌旁共同朗读或讨论。他们一起举行音乐晚会。爱因斯坦是一个天才的小提琴手，他在德国上中学时学校的老师就对他评价很高。更妙的是，温特勒夫妇有一个女儿，玛丽·温特勒——她只比爱因斯坦大一点儿。爱因斯坦请求玛丽替他洗衣服，就像他的母亲一直为他做的那样，似乎认为这象征着恋爱关系的开始。不过，他很快学会了更为成熟的求爱方式，于是开始了他的第一段浪漫故事。这引来了他母亲的第一次干涉。一次，当爱因斯坦在假期里和家人在一起时，他给玛丽写信，在信中说：“亲爱的宝贝，……对于我的灵魂来说你比整个世界更有意义。”他的妈妈欲盖弥彰地在信封上标记她没有读过这封信。

1896 年，17 岁的爱因斯坦第二次申请并成功进入了苏黎世理工学院，学习专门为培养未来的高中教师而设置的课程。他受过的教育使他能够驾驭课程的学习，周游各地的经历使他积累了足以评判这些课程的谨慎态度。这样的背景刚好可以让他对老师讲的东西给出独立的看法。

虽然苏黎世理工学院是一流的，但其中的一些教授却有点儿陈腐，而爱因斯坦经常让他们感到不快。例如，教物理学的海因里希·韦伯教授起初对爱因斯坦有过很大的帮助，但却对当代理论不感兴趣，不肯在他的讲义中纳入苏格兰人詹姆斯·克拉克·麦克斯韦关于电场和磁场的关联的开创性工作。这使爱因斯坦感到气愤，因为他意识到了麦克斯韦的工作有多么重要。像19世纪90年代的许多物理学家一样，韦伯觉得没有什么全新的东西值得学习，而他的工作就是填补细节。他们的观念是，探究宇宙所有定律的工作已经非常完整了，换言之，虽然未来几代物理学家可能需要改进他们的测量设备，以便更准确地描述已知的定律，但人们不会有重要的新发现了。

韦伯还非常迂腐，曾经让爱因斯坦把一份完整的研究报告重新写一遍，理由是第一次提交的报告用的纸张大小不合适。爱因斯坦对这位教授采取了嘲讽的态度，不称他韦伯教授而是刻意地直接叫他韦伯先生，并在之后的岁月里多次诟病他的教学风格。“（我们）现行的教学方法还没有完全扼杀神圣的好奇心，这真是一个奇迹。”爱因斯坦半个世纪后在评价他受到的大学教育时写道。

在韦伯的课程失去了吸引力之后，爱因斯坦花了很多时间在苏黎世的咖啡馆和酒吧里喝冰咖啡、抽烟斗、阅读或是闲聊。在这期间，他自学了亥姆霍兹、玻尔兹曼和当时其他的物理学界大师级人物的著作。但他的学习不够系统，当年终考试来临时，爱因斯坦意识到他需要别人的帮助才能赶上韦伯教授课程的进度。

爱因斯坦真正需要的是一个可以随时答疑的学习伙伴。他最好的朋友米凯莱·安杰洛·贝索是一个意大利裔犹太人，比他年长几岁，刚从苏黎世理工学院毕业。贝索和爱因斯坦在一次音乐晚会上相遇，当时他们都演奏小提琴。贝索非常友好并且有教养，但他几乎和爱因斯坦一样爱在课堂上空想。这意味着爱因斯坦需要再找一个人借笔记才有可能通过考试。更麻烦的是，他的一项成绩已经得到了一个尴尬的评论，被主任训斥为“在物理学教学实践方面不够努力”。

幸运的是，爱因斯坦还有另一个熟人，马塞尔·格罗斯曼——那些喜欢泡咖啡馆而不去听课的大学生所梦想交到的一个朋友。和爱因斯坦及贝索一样，格罗斯曼是犹太人，最近才来到这个国家。瑞士的大学有一项反犹太主义的半官方政策，很少把犹太人和其他外来者分到工程或应用物理学这种学生在毕业后工资很可能较高

爱因斯坦最好的朋友贝索，1898 年。“爱因斯坦是一只雄鹰，他把贝索这只小麻雀护在他的翅膀下，”有一次贝索形容他们之间的智力合作时说，“麻雀得以飞得高了一点儿。”

的方向，而是把这些人分到地位较低的方向，如理论物理学。（这对爱因斯坦来说并不算太糟，因为只有通过理论物理学他才能够掌握诸如能量和物质这样的概念，他对这些是如此着迷。）遭受到的相同的歧视促使这帮朋友关系更为密切。

当期末考试来临，格罗斯曼的所有重要图表都做得非常整齐的讲义笔记给爱因斯坦带来了奇迹，让他以体面的 4.25 分通过了几何考试。（很久以后爱因斯坦在给格罗斯曼的妻子的信中说：“我不敢想如果没有这些笔记我该怎么活。”）当然这个分数没有格罗斯曼的分数高，格罗斯曼毫无争议地得到了满分 6 分。但是爱因斯坦的朋友们丝毫不会感到惊讶，因为还有其他的事情让他分心。

除了贝索和格罗斯曼，爱因斯坦还花了很多时间在另一个同学身上。这个同学

格罗斯曼和爱因斯坦，大学毕业几年以后，20 世纪 10 年代初期

比他更像一个外来者，她是个信仰东正教的塞尔维亚人，也是班上唯一的女生，名叫米列娃·马里奇。她智商很高，拥有健康的外表，在学校里有不止一个爱慕者。她比同年级的同学要大几岁，熟悉音乐和绘画，擅长语言学习，在转向物理学之前学过医学。此时爱因斯坦早已与之前寄宿家庭的女孩分手了，作好了开始一段新感情的准备。

爱因斯坦现在是一个英俊潇洒的年轻人，有着乌黑的卷发和自信迷人的微笑。他与妹妹马娅的亲密关系给了他与女性轻松相处的经验，这让他在追求米列娃时很有优势。在本科学习期间，他们的感情已经相当好了。1900 年爱因斯坦写信告诉米列娃："没有你，我就缺乏自信，工作没有兴致，生活也没有乐趣……"他向她保证，一旦他们生活在一起，"我们肯定会成为世界上最幸福的人"。他豁出去了，甚至给她寄了一封画有他的脚的信——这样她就可以给他织袜子了。

米列娃，19 世纪 90 年代后期。1900 年，爱因斯坦在给她的信中说：“我们肯定会成为世界上最幸福的人，我保证！”

爱因斯坦和米列娃踌躇了一段时间才告诉别人他们的恋情，但他们其实没有瞒到任何人。当爱因斯坦 1900 年去意大利探望他的父母时，他给米列娃写道：“米凯莱已经注意到我喜欢你了，因为……虽然我没有告诉他关于你的任何事情，但当我告诉他我现在要再去苏黎世的时候，他问道：‘还有什么其他的会吸引你回去吗？’”当然，除了米列娃，还会有其他的吗？

在新世纪开始前的几年里有一些令人激动的事情发生，爱因斯坦和朋友们可能感到了这种气氛。贝索、格罗斯曼、爱因斯坦和米列娃四个人像许多同学一样，都认为教授们大部分是来自另一个时代的遗存，不用去认真对待，但 20 世纪的曙光会带来奇迹。当然，年轻一代将会看到这些奇迹的发生，对这一点没有人持怀疑态度。

他们每个人都有自己的信心之源。贝索在意大利的家中有兴隆的工程生意在等着他。他已经在那里度过了与在学校一样长的时间。他与人为善，有信心在最终回去的时候能够延续家族生意上的成功。格罗斯曼拥有突出的数学天分，这一点大学里的每个人都认可。米列娃在布达佩斯上中专时一直是出色的学生，并且她还是奥匈帝国第一个上理科高中的女生，也是瑞士为数不多的女大学生之一。这让她在这个女性参加选举还是70年以后的事情的国家里更加与众不同。

这四个朋友都渴望促进世界上知识的发展，而爱因斯坦可能是最热切的一个。尽管课业繁重，但他个人对智力的追求正在逐渐升温。在苏黎世的咖啡馆里，他花了很多时间来阅读报纸和打牌，并花了同样多的时间学习欧洲最伟大的物理学家的著作，自学韦伯教授所忽略的一切知识。

爱因斯坦迷上了迈克尔·法拉第和麦克斯韦关于电磁场的思想，该思想认为电场和磁场相互激发，产生肉眼看不见的场，这个场在空间中延伸，对它所能触及的一切物体产生作用。他还着迷于最新的进展——汤姆孙在剑桥测量了电子的细节并认识到这种微小的粒子似乎存在于一切物质的原子内部，伦琴发现了X射线能够探测到生物机体内部的情况，马可尼把无线电信号发送到了英吉利海峡对岸。爱因斯坦想知道，这些现象是如何发生的，其中的原理是什么。在去瑞士之前的一年内，他与家人一起呆在意大利，从那时起他就开始认真思考上面的问题，但无法把他的探究推进哪怕一点儿。

现在，爱因斯坦渴望的不仅是提高自己的知识水平，而且是推进整个物理学领域的发展。爱因斯坦认为他的新动力的一部分是想帮助自己的父亲。尽管不再受反犹太主义的影响，但他父亲在帕维亚和米兰的新公司并不比以前在慕尼黑的合伙公司更成功。对爱因斯坦的父母来说，爱因斯坦的生活费是一笔不小的开销，他自己也知道这一点。爱因斯坦认为他的动力还有一部分是他在宗教传统中的收获。虽然他已经在12岁时放弃了宗教礼节，但他相信真理隐藏在宇宙中，等待着被发现，而人类只瞥见了其中的一部分。那将是他的追求，他在1897年写给玛丽的母亲的信中发誓说。

“艰苦的智力工作，”他写道，“以及寻找上帝的本质，是……将会带我渡过所有生活中的困难的天使。……但这是一种奇特的方式。……一个人为自己创造了一个小世界，它相比于现实的不断变化显得微不足道，但这个人却感觉到奇迹般地伟大和重要……”

对于他的大多数朋友，这些感受来得快去得也急，唯有爱因斯坦已经思考维多利亚时代的大综合许久了，并开始质疑他当年学到的宏伟的知识系统。宇宙被分为两大领域：一个是能量，如从他熟悉的苏黎世的街道上吹过的阵阵狂风中蕴藏的力量；另一个是物质，如他所钟爱的咖啡馆的玻璃窗或者他思考这些事情时喝着的啤酒或咖啡。但是爱因斯坦想知道，是否可以把这两个领域进一步统一在一起。

在这个阶段，他还不能对这个问题做任何更多的事情。他很聪明，但他所提出的问题似乎还不可能解决。他还很年轻，可以先暂时接受主流的观念——宇宙中有两个毫无关联的部分，但他坚信将来有一天他能够回来解决这个问题。

2
成年

大学的伙伴们总会幻想他们可以永远在一起，但这样的愿望总是难以成为现实。1900年，爱因斯坦、格罗斯曼和米列娃在苏黎世理工学院的四年大学生活结束了。年长几岁的贝索回到意大利加入了他家族的电气工程公司。尽管爱因斯坦试图说服他不要这样（“这太浪费他那超高的智商了。”那年爱因斯坦在给米列娃的信中写道），但爱因斯坦尊重贝索的决定，这个决定使贝索免于成为家庭的经济负担。格罗斯曼准备到高中当老师，同时却心仪研究工作，因此注册成为研究生，攻读纯数学，而那正是让较为实际的爱因斯坦困惑的学科。米列娃则陷入了两难的境地：要么留在瑞士继续学业（同时也为了她的男友），要么回到她自己在贝尔格莱德的家——她现在也应该去看看她的家人了。

爱因斯坦也陷入了困境。他的特立独行和不时逃课的行为惹得他的物理学主讲教师韦伯教授非常生气，因此韦伯现在拒绝帮他向其他教授或校长写推荐信，而推荐信是学生毕业后获得工作的主要途径。爱因斯坦泰然自若地试着亲自写信给他的数学老师赫维茨教授，解释说虽然他没有上赫维茨的大部分数学课，但他现在还是要“卑微地问一下”是否可能成为赫维茨的助手。因为某些原因，赫维茨没有被打动，再者他那里也没有工作机会。爱因斯坦不断地写求职信。“我很快就会给从北海到意大利南端的每一位物理学家寄去我的申请。”他在给米列娃的信中说。但求职信中的请求都被拒绝了。

想到自己的家里需要更多的收入，爱因斯坦感到更为伤心了。早些时候，他告诉马娅："当然，我们可怜的父母（在经济方面）不宽裕，这让我感觉到极大的压力。我已长大成人，无奈只能袖手旁观，无法提供哪怕一丁点儿的帮助。这使我更感忧伤。"

爱因斯坦先在瑞士做了几天高中代课教师，甚至给一个年轻的英国人辅导了一段时间功课。1901 年，他回到意大利和他的父母生活在了一起。爱因斯坦的父亲赫尔曼看到儿子不高兴，决定助他一臂之力。赫尔曼在给德国最伟大的科学家之一——威廉·奥斯特瓦尔德的信中说："我的儿子阿尔伯特已经 22 岁，（并且）……感到非常不开心。……他知道他已经错过了求职的好机会，并认为他的职业离他已经越来越遥远。"赫尔曼请求教授给爱因斯坦写"几句鼓励的话，让他可以重新振作起来"。"此外，"赫尔曼还写道，"如果您能现在或在明年秋天为他谋求一个助教职位的话，我将感激不尽。"当然，这件事是他们两个人的秘密，"我的儿子对我这异乎寻常的做法毫不知情"。他的请求发自肺腑，但像他的大部分商业冒险一样徒劳无功。奥斯特瓦尔德没有给他回复。

在爱因斯坦和米列娃的感情问题上，他的母亲虽然没有见过米列娃，但不能忍受这个姓马里奇的女孩把自己儿子迷得整天将她挂在嘴边。（想一想，什么样的女性才能够配得上她的儿子呢？）她用爱因斯坦找不到工作这件事作为进一步的理由要求他们停止互相通信。经历了 3 周的折磨后，爱因斯坦绝望地写信给格罗斯曼，问有没有办法可以帮助他逃离这种家庭生活。格罗斯曼利用家族的关系网给爱因斯坦提供了一个伯尔尼专利局的面试机会，爱因斯坦立即回信说："当我收到你的信时，我被深深地感动了，你还没有忘记你这位不太幸运的老朋友。"

这并不是爱因斯坦中意的职业，但是如果得到这份工作的话他至少可以以此谋生，另一方面还可以使感情生活免受母亲的干扰。这份工作还帮助爱因斯坦早在1901年就取得了瑞士国籍。申请国籍的程序包括被一名私人侦探调查。调查结果是，爱因斯坦先生过着有规律的生活，几乎不喝酒，所以他的申请应该获得批准。尽管如此，这个职位还是有点儿令人失望，它仅仅是稳定的谋生手段，而爱因斯坦钟情于理论科学的研究。但他不得不在父母面前装作一切顺利，没有任何不如意。

至少他与米列娃的感情还算顺心如意。当他仍和父母呆在意大利北部时，米列娃回到了瑞士，两人之间的距离不算太远。他们可以互相通信来讨论科学，传情达意——他们还寻找机会安排会面。

1901年5月

我亲爱的宝贝！……今晚我在窗前坐了2个小时，思考如何确定分子力的相互作用规律。我有一个很好的想法。这个周日我会讲给你听……

唉，写信是多么乏味呀。这个周日我要吻到你。久别胜新婚！抱你，致以亲切的问候！

阿尔伯特

附言：爱你！

他们在阿尔卑斯山脉山脚下的科莫湖见面，深情地亲吻了对方。米列娃在写给她最好的朋友的信中谈了她和她的男朋友如何通过覆盖着20英尺[1]厚的雪的山道：

我们租了一个很小的（马拉）雪橇，它刚刚能够容纳深爱对方的两个人。车夫站在后面的一个小木板上，……用意大利语称我为“夫人”——你能想到有什么比这更美妙吗？

[1] 1英尺等于0.3048米。——编者注

……到处都是雪，一眼望去全是白茫茫的一片。……我把我的甜心紧紧地搂在怀里，外面裹着厚厚的大衣……

爱因斯坦一定是紧紧地抱着她。“一切都发生得那么自然，（当）你让我把你这个亲爱的小宝贝紧紧地拥在怀里的时候，”他写道，“那种感觉太美妙了。”到了1901年5月，他们假期结束的时候，她怀孕了。考虑到当时的习俗，米列娃别无选择，在被别人发现之前回到了家人身边，直到孩子出生。9个月后，爱因斯坦给她写了封信。

伯尔尼　周二（1902年2月4日）

真的是个女孩，真如你所愿！她健康吗？她的哭声好听吗？她的小眼睛是什么样的？她饿了吗？

我太爱她了，可是我还没见过她！

少有文献提及他们的这个女儿是否存活下来，因为以当时的境况，未婚的两人养育一个私生子几乎是不可能的。他们给女儿取名丽瑟尔。间接的证据表明他们把她送给了别人——可能是一位住在布达佩斯的朋友。之后爱因斯坦没有再提起过她。

在爱因斯坦的朋友格罗斯曼的父亲的帮助下，经过一系列的面试，爱因斯坦最终获得了专利局的工作。专利局在伯尔尼，尽管不是苏黎世，但这个地点还可以接受。不过薪水并没有爱因斯坦当初期望的那么高。他申请的是二级技术专家的职位，但专利局的主管哈勒尔局长以爱因斯坦的技术能力不够好为由只给他工资较低的三级技术专家的职位。

爱因斯坦接受了这个职位。因为他需要更多的钱，爱因斯坦开始像他父亲那样寻找赚钱的机会。1902 年他在当地报纸做了如下的广告：

数学和物理学

私人家教

招生对象为中学生和小学生

主讲教师

阿尔伯特·爱因斯坦

曾获苏黎世理工学院专业教师证书

正义街 32 号楼 1 层

免费试听

但是在商业细节方面爱因斯坦不太精明，这一点和他父亲一样。虽然他确实吸引了几名学生，但是他过于兴奋和健谈，与所招学生中的大多数人成了朋友，然后他觉得不能再收取课程费了。尽管如此，他还是设法逐渐存下了一笔钱。例如他倒是从一个学生那里持续收取了课程费。这个学生创作了一幅这个时期的爱因斯坦的钢笔肖像画，上面写着："我的家庭教师，5.9 英尺高，肩膀宽阔，……嘴大而性感。……嗓音……像是大提琴的音调。"

爱因斯坦还设法继续他的研究工作。但这困难重重，他在专利局一周工作 6 天，只有周日空闲，而刚好在这天，伯尔尼唯一适合作研究的图书馆闭馆。他超强的自尊心使他不让别人知道他生活的艰辛，也使他不向韦伯教授道歉并卑躬屈膝地回到学校。

尽管爱因斯坦的工作不尽如人意，但感情生活却是他梦寐以求的。米列娃从她自己家拿来了部分积蓄，他们两个把钱凑起来就租得起一套可以容纳他们两人的公寓了。米列娃离开了塞尔维亚的家，再次回到瑞士。1903年1月，他们在伯尔尼市政厅结婚了。那时他将近24岁，她28岁。作为正常人，他们也想念自己的女儿。“但只要我们还活着，我们就会像学生时期那样永远在一起，不去抱怨这个世界。”爱因斯坦兴高采烈地写道。

对于爱因斯坦的这个举动，他的母亲非常生气。她让包括儿子在内的所有人都知道她多么讨厌米列娃。（爱因斯坦记得，在1900年7月他告诉家人他要和米列娃结婚时，母亲一听就倒在床上，把头埋在枕头里，哭得像个孩子似的，然后说他这么做会毁了自己的未来，没有一个像样的家庭能接受米列娃。母亲还说：“如果她怀孕了，你真的会一团糟。”）但爱因斯坦的忠诚的妹妹马娅努力说服母亲给米列娃一个机会。米列娃相信自己最终会赢得爱因斯坦家庭的接纳。她告诉自己的朋友，她想找一个爱因斯坦的母亲敬重的人，并且让自己对这个人有所助益，这样爱因斯坦的母亲就会对她的好有所了解。

技艺高超的小提琴家总是很受欢迎。爱因斯坦经常被那些希望在自家的音乐晚会上有更多演奏者的家庭邀请到家中，这对夫妻因此在瑞士结识了许多新朋友。永远忠诚随和的贝索很快从意大利搬回瑞士，也在专利局谋了一份差事。爱因斯坦和米列娃经常和他相聚。爱因斯坦告诉他：“现在我是一个已婚男人了。……（米列娃）把一切照顾得很好，厨艺一流，快乐可人。”现在贝索也结婚了，在这件事上爱因斯坦起到了重要的作用——他把贝索介绍给他的前女友玛丽·温特勒一家，贝索非常喜欢这家人，向玛丽的姐姐安娜求了婚，并很快与她生了个儿子。这两对夫妻很享受在一起的时光。“我非常喜欢他，”关于贝索，爱因斯坦写道，“因为他头脑敏锐，内心朴素。我也喜欢安娜，更喜欢他们的孩子。”1903年年底，爱因斯坦和米列娃搬进了可以望到阿尔卑斯山脉的带有小阳台的公寓。他们会挤到阳台上——有时与他们的朋友，有时只是他们两个。这对新婚夫妇为他们的运气感到庆幸。

从十几岁开始，爱因斯坦经常会感到非常孤独。即使现在生活在他所爱的人们当中，他在潜意识中仍然意识到有一些微妙的障碍把人们分开，就算是亲近的人或家人也不例外。他告诉米列娃，他和他妹妹“变得如此难以相互理解，以至于无法感受到对方的情感”，此外，有时“我感到每个人对于我来说都似乎很陌生，仿佛有一堵无形的墙把大家隔开”。米列娃穿透了这堵墙，这看起来像是一个小小的奇迹。

当他们的第一个儿子汉斯·阿尔伯特在1904年出生时，他们的收入仍然不高。（“当我谈到在火车的不同部分放着很多时钟的实验时，”爱因斯坦回忆道，“我还只拥有一个时钟！”）但这个小家庭拥有他们需要的一切东西。爱因斯坦的手很巧，他曾经一时来了兴致，用火柴盒和细绳做了一个完整的小型空中缆车——这样就不用给儿子买昂贵的玩具了。他的儿子非常珍惜这段经历，甚至在多年以后仍记忆犹新。

那段时光非常快乐。爱因斯坦和米列娃的感情没有被失去女儿的痛苦、职业的挫折和贫穷的阴霾打败。爱当然是无所畏惧的。

3 奇迹年

1905年，爱因斯坦在专利局取得了第一批伟大的突破。

在许多方面，专利局的工作正像他曾经担心的那样，死板并受到诸多限制。专利局是瑞士联邦公务体系的一部分，有严格的等级制度。爱因斯坦只是受过培训的几十个职员当中的一个，他们在几乎相同的高桌子前长时间持续工作并接受监督。

尽管如此，这份工作却出奇地有趣，并且还有很多可以帮助爱因斯坦重返学术界的优势。例如，爱因斯坦的工作是审定新设备的专利申请，特别是电气工程领域的申请。这有点儿类似于在现在的硅谷可以提前见识到最新的高科技产品。为了判断这些申请，他制定了许多原则，这些原则在以后的工作中都非常有用。

这项工作的另一个好处是他能自由地从事业余工作。尽管主管哈勒尔先生有点儿迂腐，但他容忍了爱因斯坦明目张胆地在空闲时间写论文的行为。爱因斯坦在办公桌上撰写自己的论文，每当哈勒尔走近时，他会赶紧把论文推到一边或者藏进抽屉（他打趣地称之为"理论物理学教研室"）。

尽管爱因斯坦知道他获得大学职位的唯一途径是拿出强有力的研究结果，但他没有感受到发表初步的、不完整的研究结果的压力。他如果已经获得了大学工作并正以他的方式工作，则会在发表论文方面面对巨大的压力。（"趋向于肤浅的诱惑，”他后来写道，“只有坚强的人才能抵挡。”）如果科研进展令人气馁，他也不会让除了他的妻子以外的任何人知道那多么难以对付。与此同时，他的妻子也正经历着自己的职业挫折。米列娃看到自己的研究之梦已经破碎。她未能获得一个学术职务，并被困在家里照顾他们的孩子。尽管导致他们各自困境的不同原因使他们之间渐渐地出现了一道裂痕，但这对夫妻仍很自然地相互安慰。

晚上，爱因斯坦会和贝索及其他人散步很长时间。现在他们多了一个新的朋友——莫里斯·索洛文，一个年轻的罗马尼亚人。他申请了爱因斯坦的物理学家教课，但在一两次课后放弃了物理学改去研究哲学，尽管如此，他还是成了爱因斯坦的伙伴之一。有时米列娃会加入他们，另一些时候则只有男性。他们在乡村酒吧停下来品尝奶酪、啤酒或爱因斯坦最为青睐的摩卡咖啡，谈论健康食品或新流行的并被不断宣传的“有氧”运动，或是谈论政治、哲学和他们对未来的梦想。

夏天，如果一直聊到很晚，他们会继续走到伯尔尼外面的小山上，这个小山也是爱因斯坦和贝索一家白天常去的地方。“繁星闪烁的美景，”索洛文写道，“给我们留下了深刻的印象。”他们会等待，“惊叹太阳慢慢地靠近地平线，最后光芒四射，给阿尔卑斯山脉染上神秘的玫瑰色”。

当然，物理学和构成世界的基础是这些时刻他们谈论的主题。自从爱因斯坦从苏黎世理工学院毕业以来，他关注的领域里的一切都在加速发展。马可尼完成了使无线电波不仅跨越英吉利海峡，而且跨越大西洋的壮举；居里夫人在巴黎发现了镭矿石中蕴藏的看起来无穷无尽的能量；德国的普朗克似乎已经证明，物体辐射的能量并非是连续的，而是一份一份地吸收或发射——这种现象后来被称为量子跃迁。热力学是一个伟大的奇迹，宇宙是如何以热力学所描述的那样精确的方式传递热量的呢？一切事物都被以一种古怪的方式纳入两个看似完美平衡的领域——能量和物质。现在科学家们越来越多地称后者为质量。[1]爱因斯坦和索洛文以及他们最亲密的朋友们坚信，这一切的背后一定有简单的统一性，存在少数几个深奥的基本原则，它们可以解释宇宙万物是怎么合在一起而协同运作的。

但是这些基本原则是什么呢？

经过长时间的散步及在山顶上关于物理学的思索之后，他们在最近的咖啡馆里快速地喝上一杯咖啡，然后一起步行回到镇上，各自开始新一天的工作。“我们精力充沛。”索洛文回忆道。他们似乎不需要睡觉。

唯一的问题是爱因斯坦还没有看起来那样有信心。他知道他的父亲从没有实现过自己的期望。一个接一个的商业尝试都没有获得成功，这使得爱因斯坦的父母总得依赖手头宽裕的亲戚的帮助。爱因斯坦看到他最亲密的朋友们都放弃了自己的远大理想。随着丽瑟尔出生并被送给他人收养，米列娃把她自己的研究放在了一边。贝索也一样，先是回到自己家的工程公司，随后加入爱因斯坦所在的专利局。

爱因斯坦和贝索的工作虽然有趣，但并非他们曾经梦想的富有创造性的工作。爱因斯坦知道，在17世纪60年代，伟大的英国人艾萨克·牛顿爵士在二十五六岁的时候，不仅发明了微积分，同时也在他母亲的林肯郡农场受那个著名的掉落的苹果启发开始形成他的伟大思想——从地球内部产生的万有引力对草原上的苹果树的作用，和对飞驰在20多万英里之外轨道上的月球的作用符合同一个规律。爱因斯坦正处在相当的年龄。他的伟大发现在哪里呢？

---

[1] 早期科学家使用的术语的含义与这些术语现在所拥有的含义有着细微的区别。拉瓦锡和18世纪后期的其他人很自然地用物质的概念来思考，而这个概念在今天被认为是关于物体中的原子的。到了20世纪初期，人们用质量的概念来思考。这两个概念有什么差别？“质量”可以最简单地理解为衡量物体对加速度的抵抗力的量度。一支笔很容易加速，而一座大山却非常难加速，所以后者有更多的质量。这两种不同的思考方式是密切相关的：山脉很难加速是因为它们内部有更多的原子。——原注

爱因斯坦想成为一生只作为观众来欣赏别人的成就的人吗？他的妹妹马娅认为，她伟大的哥哥是一个天才，能做任何事。但爱因斯坦本人比较沮丧也是可以原谅的。在空闲时间里，他试图把自己的想法整理出来，以便公开发表。但是从24岁到25岁这段时间里，他还没有得到一个自己期待的成果，没有一个成果有足够的深度。他考察了使液体在吸管内向上弯曲的力，但没有发现任何有创新性的结果。如果他没有成为“爱因斯坦”，这些文章很快就会被科学界遗忘。

随着时间一点点过去，当他快26岁时，意义非凡的事情发生了。在1905年春季的一阵忙碌中，爱因斯坦打破了僵局，开始撰写5篇论文，而这些论文很快就改变了物理学。

在他26岁生日前后，爱因斯坦的思想把他推向了几个不同的课题。他思考了空间和时间，以及光和粒子，并开始起草有关这些主题的论文。而当他这样做的时候，他也发现自己回到了从前的猜想，即宇宙是否由比他现在所知的更深奥的原理统一起来。

爱因斯坦的成长经历可能没有赋予他强烈的商业意识，但使他对新鲜的知识非常敏锐。正如挪威裔美国经济学家凡勃伦曾经描述的那样，当一个家庭的观念从宗教信仰转向世俗主义时，孩子们往往会怀疑任何已知的终极真理——无论这些真理来自宗教、科学还是其他领域的权威。爱因斯坦深受这种怀疑论的影响，他家庭中的其他成员也是如此，特别是他的妹妹马娅。她对事物不落俗套的看法表现在敏锐的讽刺上。（有一天，爱因斯坦在发脾气时朝她头上扔了一个很重的球。她评论道：“这足以表明，做一个天才的妹妹需要有一个结实的头骨。”）

马娅的这种心态仅仅表现在讽刺的语气和无恶意的玩笑上面，但爱因斯坦的心态使他质疑一切从慕尼黑的中学、苏黎世理工学院以及后来通过阅读学到的东西。他固有的怀疑论一直在加强，他的战斗精神也将会对他有所帮助。

1905 年的爱因斯坦一边做着出色的工作，一边开始认真琢磨，是否真像他的维多利亚时代的前辈认为的那样，完全独立的两个领域之间没有某种方式的联系。他的父亲、叔叔，及他家的朋友曾向他解释过当时的主流观点，他和他在苏黎世的班级里的每个人也都深入地探讨过这种观点，即宇宙分为两部分：科学家用字母 E 表示的能量领域，以及用字母 M 表示的物质领域——或者说得专业一点儿，质量领域。

对于爱因斯坦之前的科学家，整个世界好像被分成了两个巨大的半球形的城市。在 E 市生活着被称为能量的市民，那里有闪烁的火焰、咆哮的风等等。相距很远的 M 市是质量的地盘，那里有土地、山脉、机车和其他所有组成我们世界的实体的市民。

爱因斯坦深信两者可以通过某种方式统一起来。他不太信仰的上帝在创造宇宙时没有理由刚刚得到这两个部分就任性地停下来。按道理说，上帝会继续下去，创造一种更深刻的统一，而我们所看到的关于这种统一的一切不过是另一种表象而已。

科学经常被描述为用来摆脱神秘力量的利器，它给了我们一个世界，在其中我们所见的事情都可以用纯粹、冷静和理智的原因来解释。但爱因斯坦是学过科学史的，他知道他不是唯一一个感觉到不止如此的人。牛顿也曾经富有启发性地写道，他也仅仅是通过他发现的定律窥视到了上帝的意图。

牛顿的生活跨越了 17 世纪和 18 世纪，在他看来，他在我们现在称为物理学的领域中的研究，与他在我们今天视为神学和《圣经》的领域中的研究并没有什么区别。他相信《圣经》包含了由上帝所设置的隐藏真理，因而相信宇宙也包含了造物主的秘密。

随着时间的流逝，对大部分科学家来说，牛顿的宗教假设被视为科学启蒙时期的遗迹——科学发展初期所需要的脚手架，等科学发展到了一定时期我们完全可以抛弃它，让科学研究的“机器”自己运行。发条宇宙的观念开始盛行，认为宇宙具有关系复杂的内在元件，由上帝在最初一次性上紧了发条，之后就高度自动地自己运转，任何对上帝存在的需要被设定在了非常遥远的过去。18 世纪和 19 世纪（尤其是后者）的研究人员如果有不同的想法，则会被认为是在小时候被灌输了陈旧的思想，他们或许对他们的社群很有情怀和敬意，但他们的想法没有什么意义。

爱因斯坦没有沿着那条路走。他曾说，对于最高水平的科学家，科学凌驾于宗教之上——“（他们的）宗教情怀表现为对自然规律的和谐性的热情惊叹，这种规律表现出高度优越的智慧，相比之下，所有人类的系统思维和动作都显得微不足道。”缺少这种惊奇感的人“如同死了一样，眼睛模糊不清”。牛顿已经表明，我们的宇宙是由与他在《圣经》里发现的神圣教义同样简洁的定律支配的。26 岁的爱因斯坦也即将寻求这种简洁。

那么，宇宙如果不是真的被分为两个不同的部分会怎样呢？如果——用之前提到的观念想象——两个半球形城市并非完全孤立，而是实际上由一个秘密隧道连接，每个城市中的所有事物都可以冲过这个隧道变成另一个城市的一部分，将会怎么样？如果能量所在的 E 市的一切可以通过隧道变成质量，而质量所在的 M 市的一切可以反过来通过隧道变成能量，又会如何？

想象这个有点儿类似于想象这样的情形：木头上熊熊燃烧的火与组成木头的材料在本质上没有不同；通过某种方式，木材可以燃烧成火，而反过来，火可以被挤压在一起变回木头。简而言之，这就好比说，能量可以成为质量，而质量可以成为能量。或者更简洁地说，E 可以成为 M，而 M 也可以成为 E。

此时，爱因斯坦尚不能确定能量和质量是不是同一个东西。然而，当他在 1905 年夏天结束其他工作后，他意识到，他可以深入下去。

能量和质量之间存在内在联系——E 市和 M 市之间存在一个秘密隧道，这一观念是爱因斯坦 1905 年最后一篇伟大的论文的核心。在发表这个奇怪的理论之前他要回答的关键的问题是在我们的现实世界中这个隧道是如何运作的。它是直接来回传递事物，还是在一个方向上以某种方式将所传递之物放大，而在相反的方向上使之收缩呢？前一种情况就好像世界上只有两个城市——慕尼黑和爱丁堡，它们之间有一个隐形的隧道，人在其中来回穿梭而不改变大小，只是获得讲当地语言的能力。在后一种情况下，一个城市的居民到达另一个城市时将改变大小，有点儿像《爱丽丝梦游仙境》中的情景。但是，在穿梭的过程中，哪个城市的公民会变小，哪个城市的公民会变大呢？

爱因斯坦在1905年夏末解决了这个问题。他发现宇宙是有秩序的——当“质量”市的市民转变为能量时，他们会自动膨胀。我们仍以慕尼黑和爱丁堡为例。慕尼黑肥胖的市民们通勤时进入隧道，而当他们完成了他们的非凡之旅来到爱丁堡时，他们从隧道出来后变成蹒跚的拥有巨大能量的物种，高达数百英尺，能够像行走的巨型摩天大楼那样跨过整个城市。在相反的方向上，当爱丁堡的市民通过隧道来到慕尼黑时，他们会收缩、变小，以至于当这些不知所措的小家伙出现在慕尼黑时，他们将会比街头小贩出售的最短的一截香肠还小。

每次转换改变的量是多少呢？在解决这个问题时，爱因斯坦用了一个全新的方法，在奇妙的1905年，这个方法就像下棋时偶得的妙招一样突然出现。我们习惯于认为，如果我们在一辆停着的车中打开车灯，光线将以一定的速度射向前方，然后，如果我们启动汽车，以60英里/小时的速度行驶，光线的时速也将比原来的时速快60英里。然而，基于一个更基本的原则，爱因斯坦认为情况不是这样的。经过进一步巧妙的论证，他现在表明，能量和质量可以互相转化，它们只是具有不同的标签，而实际上是一回事。

在爱因斯坦的时代，科学家们早就知道光速非常快。超过每小时670,000,000英里的速度足以让地球上的一个信号在2秒钟内到达月球，在短短数小时内穿越整个太阳系。这个速度——约670,000,000英里/小时，用英文字母c来表示，它来自拉丁语单词“celeritas”，后者对应于英文单词“celerity”，意为“速度”。

如果质量在转换时放大光速倍的量级，它会产生巨大的能量。但爱因斯坦的计算表明，这还远远不够。用光速乘以自身，我们得到一个更大的数c^2——大约

450,000,000,000,000,000（英里 / 小时）^{2}。这个数就是质量转化为能量的时候被放大的倍数。质量可以转化成能量，得到的量大得惊人。c^2 这个很大的数是转换的确切倍数。简而言之，$E=mc^2$。

大部分的时间里，质量中的能量都是隐藏的，因为地球上几乎所有的物质都非常稳定。爱因斯坦经常把普通石头或金属中蕴藏的能量比喻成一个富有的守财奴坚守的一个巨大的硬币堆——把硬币花掉能够产生巨大的影响，但这个守财奴谨慎地守护着它们，使得外界无法知晓它们的存在。但早在 1905 年，一些专家就在寻找方法让一点儿能量释放出来。

在巴黎，居里夫妇已经做了使之成名的著名实验。他们发现，小块的纯镭矿石会源源不断地辐射出能量，一小时又一小时，一天又一天，一年又一年。今天我们意识到所有那些发出的能量都来自极少数原子的变化，产生的能量等于它们的质量乘以因子 450,000,000,000,000,000。爱因斯坦知道居里夫妇的工作，并且在他的 1905 年的最后一篇文章的结尾——他当时仍然谦虚地认为，任何伟大的想法都需要一些证据——建议：“通过使用如镭盐这种能量含量可大范围变化的物体，我们也许可以检验这个理论。”

在那年的夏秋之交，爱因斯坦完成了他的第 5 篇也是当年的最后一篇论文，并将其寄给德国期刊《物理学纪事》。他不知道未来是什么样子。他没有想到的是，仅仅 40 年后，一个伟大的国家找到了一种纯化铀的方法，可以将整盎司[1]的金属铀按照他的方程进行转化——每份质量按照乘以 c^2 的比例从物质形态转换成纯能量。在广岛上空，这个转换促成了一次摧毁了整个城市的巨大能量爆炸，带来了火灾、飓风一般猛烈的大风和强烈到照射到月球上后又反射回地球的闪光。1945 年，当流亡美国的爱因斯坦从广播里听到这个新闻时，他转身对跟了他多年的秘书悲痛

[1] 英制质量计量单位，1 盎司约等于 28.35 克。——编者注

地说，如果他知道会发生什么事，他不会帮一丁点儿的忙。

那一切都发生在遥远的未来。现在，这位年轻的物理学家非常满意自己所做的工作。他这一年发表在《物理学纪事》上的倒数第二篇论文表明，光速在许多更深层的概念中起着核心的作用。这篇 1905 年 9 月发表的论文中的理论后来被称为狭义相对论。在这篇论文发表的第二天，《物理学纪事》收到了爱因斯坦当年的最后一篇论文，他在其中展示了那个理论的一个特定结果——事实上，质量和能量是可以相互转化的。这个来自狭义相对论的副产品发表于 1905 年 11 月 21 日。到此时，"爱因斯坦奇迹年" 完美收官。这一年是爱因斯坦的，更是世界的最不平凡的一年。

在 1905 年短短的几个月里，还未成名的爱因斯坦已经发表了几篇重要性在科学史上名列前茅的论文。他清晰地看到了宇宙的内部是如何运作的，$E=mc^2$ 准确描述了质量和能量之间的迄今都难以想象的转换。这些连同他 1905 年的系列论文中的其他概念将逐渐改变我们对万物的认识——从对光的操作到空间和时间的本质。当物理学家们开始理解他的工作时，他们也会给予他希望得到的同行的尊重。然而，当他的最后一篇论文在 1905 年秋季发表后，爱因斯坦只能猜测摆在前面的是什么，以及他还有多远的路要走。

他越来越自信，但远没有达到沾沾自喜的程度。当他第一次产生最后一篇论文的把 E 和 M 联系起来的想法时，他在给一位朋友的信中说："这个想法很有趣，也很诱人。谁知道呢，也许善良的上帝在嘲笑我，并指引我走过花园的幽径呢。"

几个月的高强度工作之后，他已经筋疲力尽了。在他进行这一切的同时，他还需要在专利局一周工作 6 天，每天工作 8 小时。当他最终完成以后，他和米列娃外出喝了些酒，这对他们来说是非常罕见的——除了偶尔喝些啤酒以外，爱因斯坦很少放纵自己，他们两人一般是坐在桌子旁喝点儿茶或咖啡。从保留下来的第二天的明信片中我们可以推测出这次罕见的经历，这张明信片由他们两人共同署名："我们两个，唉，喝得烂醉如泥。"

4 只是开始

1907 年夏天，伟大的柏林物理学家普朗克的私人助理马克斯·冯·劳厄被派到瑞士伯尔尼，他的任务是会见那个 1905 年在著名期刊《物理学纪事》上发表那些非凡论文的人。

劳厄抵达伯尔尼并打听了以后发现，他想象中那位尊贵的教授爱因斯坦博士不在伯尔尼大学，而是似乎住在专利局所在的邮政局大楼里。劳厄步行到了那里，请求见见那位想象中的教授。几分钟后，一个有礼貌的年轻人走进了等候室。劳厄没有注意他，继续等待教授。年轻人似乎很困惑——为什么被叫到这里而没有人搭理，然后回到了三楼的办公桌前。

劳厄发出了第二次请求，他确定教授肯定不需要这么长的时间才能下来。等到爱因斯坦第二次进来后，普朗克的这位助手意识到这个人一定就是那个伟大的思想家——不是教授，甚至没有博士学位，而仅仅是邮政局大楼里的一个小职员。

按照马娅的回忆，那时爱因斯坦相信他发表在著名杂志上的论文会立即被人注意到，但是意外的是，它们似乎被完全忽略了。这令爱因斯坦有点儿失望。这种情况的部分原因是他没有把结果写成常规的科学论文的形式。常规的论文有大量引用著名教授工作成果的脚注，而他的关于狭义相对论的论文仅有寥寥几处脚注，却在最后一段中热情地感谢了他的朋友贝索，因为当他们在伯尔尼郊外长时间散步时，贝索曾与他认真细致地讨论过物理学。不过，更重要的原因是，爱因斯坦的发现很难为人们所理解。

爱因斯坦用了非常广义的原则得到他的理论。这种方法对他在专利局的工作帮助很大，他已经学会了如何使用更高层次的原则来判断到底什么是可行的什么是不可行的。例如，如果一个发明家说，送来接受评审的一个设备是由永动机来驱动的，爱因斯坦马上知道他可以拒绝这个申请，因为永动机是不可能存在的。在我们的地球上摩擦和熵增不可避免，所以任何违背此原理的设备将永远不可行。然而，当把这一方法应用到更为雄心勃勃的课题上时，爱因斯坦简单、抽象的方法常常使他的同行们绞尽脑汁也难以理解他的理论，更不用说利用他的理论讨论新的东西了。

在他的 1905 年的论文中，爱因斯坦使用了一系列这样的高级原则，得到了令人震惊的奇特想法。发表于 11 月的论文中有 $E=mc^2$，它精确地告诉我们，能量是质量的弥散形式，而质量是极度密集的能量。对于维多利亚时期任何接受过主流科学教育的人来说，这个论点都足够震撼。但这个方程只是他之前发表于 1905 年 9 月的文章中给出的关于如何在时空中观察事件的狭义相对论理论的一部分。

除了 $E=mc^2$，狭义相对论还可以推出许多其他同样奇异的结论。爱因斯坦在 9 月的文章中指出，我们如果看到火车行驶得很快，会发现它在移动的方向上变短了。当速度足够快时，超大的火车头会变得比一张邮票还薄。时间也不是我们先前所认为的时间了。我们习惯于认为，对每个人来说时间总是以相同的速度“流动”。但在一个高速远离地球的人看来，我们整个物种的几个世纪的繁衍不过只有区区几分钟。而在地球上的我们，如果能够通过足够强大的望远镜来观察那些太空中的飞船，将会看到里面人的生活极其缓慢，慢到几乎停止了。不管是地球上的观察者还是飞船上的观察者都会认为他们自己的生活是常态，而对方的状态发生了变化。

这种奇怪的事情会发生吗？许多物理学家——至少那些不屑研究爱因斯坦理

论的科学家最初反对这个概念。那个年代的理论物理学仍然限于一个很小的学术圈。这个圈子中少数几位教授中的一位，慕尼黑著名的阿诺尔德·索末菲在私下写给朋友的信中说："……对我来说，（爱因斯坦的）这个无法理解和想象的武断结论似乎包含了一些不健康的东西。英国人是不会给出这种理论的；它也许反映了……闪米特人[1]的抽象概念的特征。"

然而，即使是索末菲，在看完了爱因斯坦的推理后，也发现它是无可辩驳的。我们之所以没有注意到这些奇怪的事情，是因为它们往往只见于速度非常大的场合，或原子因结构不稳定而衰变的罕见的情况——如曾经困扰居里夫人的镭样品中所发生的。但是，如果我们能够进入这些领域，我们会看到，爱因斯坦所描述的所有的奇怪的活动都是真实的。

在他的奇迹年的最后一篇论文发表大约一年半以后，即 1907 年年中，爱因斯坦的思想渐渐地被物理学家们所接受。劳厄是第一个来访的主流科学家。爱因斯坦决定抓住机会，他不仅想要与科学精英并肩散步，更想要看看能否离开专利局，得到一个长久以来梦寐以求的学术职位。

爱因斯坦被批准了几个钟头的假。他与劳厄一边走过伯尔尼的街道，一边回顾了来自柏林和海德堡等重要研究中心的最新研究进展。爱因斯坦像往常一样抽着他的便宜雪茄，并非常慷慨地给了劳厄一支。（习惯于更优质烟草的劳厄巧妙地设法把它"丢"在了一座桥边。）后来，尽管爱因斯坦主动示好，并且进行了礼貌的信件跟进，但没人给爱因斯坦提供任何更好的工作机会。

爱因斯坦仍然呆在专利局，在一个普通的办公桌前，像他 5 年来一直做的那样继续为主管哈勒尔工作。在绝望中，他恳求之前在伯尔尼的一个老朋友回来与他一起。"也许可以偷偷把你安排到专利局的奴隶当中，"爱因斯坦热情地写道，"……

[1] 特指犹太人。——译者注

别忘了，8 个小时的工作之外，每一天还有 8 个小时的时间可以闲逛。……我非常希望你能来这里。”但他的朋友没有考虑这个邀请。

在 1905 年的成就之后，爱因斯坦在专利局仍然每周工作 6 天，而伯尔尼唯一的科学图书馆则周日闭馆，他再次感到自己将与学术界擦肩而过。他并非没有试过找一个更好的职位。因为觉得在高中教学会使他拥有更充裕的时间，在专利局郁郁不得志的时候爱因斯坦曾向他的朋友格罗斯曼咨询如何在瑞士的学校得到一份永久性的工作。他说标准德语而不是瑞士方言，这对申请职位有影响吗？他应该提到他的科学论文吗？他要亲自打电话给行政管理人员吗？他看起来很有犹太人的感觉，这样会不好吗？格罗斯曼没能给出什么有帮助的建议。当爱因斯坦申请苏黎世附近一所高中的职位时，他是 21 名申请人中的一名。有 3 名申请者得到了面试机会，专利业务员爱因斯坦则连面试机会都没得到。

爱因斯坦还试图去伯尔尼大学任教。1907 年 6 月他进行了第一次尝试，人家告诉他需要先完成博士论文。由于他没有博士论文，他把自己 1905 年发表的论文的复印件送了过去。这些论文中至少有 3 篇是诺贝尔奖量级的——一篇给出了狭义相对论，一篇给出了相对论的一个推论 $E=mc^2$，一篇阐述了如何理解光子。还有一篇建立在用来证明原子存在的简单微观观测之上，可能也是诺贝尔奖量级的。但校方回信清楚地解释说，也许爱因斯坦先生没有搞清楚，这里是瑞士，有行政方面的要求，他需要提供一篇真正的博士论文，而不是随便拼凑的一沓纸。他的申请被驳了回来。

尽管仍然被困在专利局，只是偶尔有像劳厄这样的人来访，但爱因斯坦仍没有放弃。他知道吸引他的是处在科学所能理解的极限处的问题，而且最强的大脑也会犯错误。但他也知道，在 1905 年，他已经解决了科学的一个大问题——为什么宇宙被分为这么多的不同的“部分”。他非凡的回答是：宇宙并没有被拆分，能量和质量紧密地联系在一起，它们可以被视为对方的不同表现形式。他甚至揭示出宇宙的秩序是怎样的，相互关联的质量和能量如何来回转化。这一切都包含在 $E=mc^2$ 中。

发现这些看似毫不相关的东西是互相联系的之后，爱因斯坦开始准备“再来一个”，而他的下一个伟大成就将会把他推上新的高度。如果宇宙中所有的质量和能量是相互联系的，我们可以将所有的“事物”[1]都联系起来，为什么还会有看似与它们分离的空着的空间？在质量和能量——所有宇宙中的机车、行星、火焰和恒星——之外存在第二个领域似乎有点儿不统一。为什么科学不把所有空间和所有的“事物”统一在一起，用单一的宏大的理论框架来描述呢？

他开始琢磨所有的能量和所有的质量——宇宙中所有的“事物”——所在的更宏大的背景了。一定有某种东西联系着它们，引导着它们。然而，在我们周围的平坦的空间中这似乎是不可能的。但是，如果存在某种对质量和能量在这个明显的虚空中如何移动的解释会怎样？如果空间不是像看起来那样空荡平坦会怎样？

对于一般的思考者来说，这种探索似乎是不可能的。我们知道，海浪的弯曲可以使船转向一侧。之所以这样，是由于海浪只是更大的三维水体的表面。弯曲是沿着水体产生的。如果爱因斯坦的怀疑是正确的，真空空间在某种程度上是弯曲的，问题就变成了：

它是沿着什么弯曲的呢？

要理解爱因斯坦的解决方案和他由此获得的信心，以及这种信心让他犯下的错误，我们可以先来了解一下低调的维多利亚时代的教师埃德温·阿博特的工作。虽然生活在三维空间中的我们不可能把更高维度的空间形象化，但是阿博特的工作可以帮助我们找到我们一直置身其中却没有察觉到的高维空间的一些线索。

[1] 包括能量和质量。——译者注

II

“我一生中最得意的想法”

爱因斯坦和米列娃与他们的长子汉斯在一起，大约摄于1904年，伯尔尼

插曲 1 多维空间传奇

1884年，时任伦敦城市学校校长的埃德温·阿博特做了一些出人意料的事情。按照维多利亚时代的标准，对于一个杰出的校长来说，做这些事情比站在街上没戴帽子更令人尴尬。他出版了一本消遣小说，小说的主人公只有11英寸[1]长，并且一生都生活在一个巨大的平面上。“在这平面上的直线、三角形、正方形……六边形和其他的形状可以自由地走来走去，但不能高出或低于这个平面。”这本书名为《平面国》，它的作者，正如伦敦人在书首次出版时看到的那样，叫做“方块先生”[2]——阿博特的笔名。

这本书很具社会讽刺性，它给出了一种想象一个我们无法看到的物质世界的巧妙方式。

直线是生活在平面国中的最低级的存在，他们有着谁都不愿意撞到的锐利的尖端。比直线社会地位高一层的是工人——主边长11英寸的狭长三角形，他们没受过太多教育，一旦被激怒则非常危险，但通常很温顺，可以按照更高等级的人物的指令做事。比他们再高一级的是中产阶级的专业人员，有医生、教师和其他受人

[1] 1英寸等于2.54厘米。——编者注

[2]《平面国》一书英文名为“*Flatland: A Romance of Many Dimensions*”。该书以科幻小说的形式讨论“维度”的概念及社会阶层问题，出版时作者署名为“A Square”。——编者注

尊敬的人。他们的形状是正方形，而书中的平凡的讲述者被设定为这类人中的一个。再上一层是精英阶层——那些拥有更多的边的人，如五边形和六边形等。处于社会顶层的是祭司——圆形，他们可以滑动到他们所希望去的任何地方，而低阶层的直线和尖尖的三角形会习惯性地给他们让路。

故事开始的时候，方块先生[1]对平面国相当满意，但他被一个梦困扰着。在这个梦中有个奇怪的世界，其中所有的生物都生活在一维的线上，就像火车永远被限制在单一的轨道上。这些可怜的生物只能理解向前和向后移动，它们无法想象还有一个“第二”维度允许它们从左到右运动。当方块先生穿过它们的线时，随着他的二维身体的不同部分进入和离开它们的一维世界，它们只能看到他身上的部分片段。

方块先生的梦使他明白了来自更高维度的来访者比低维度的居民具有更强的力量。如果一个像方块先生这样的生物进入了他所到访的一维世界，并将生活在这个世界中的一个居民从其位置上拿开，留在线上的当地生物将不知道它们的同胞去哪里了。然后，如果方块先生把一维生物放回来，但放在另一个位置，当地生物会疑惑它怎么会出现在一个新的位置上而无需以任何方式经过它们能够分辨的空间。

当方块先生醒来，看到自己回到了舒适的平面国，他一时感到很满足。他是一个富裕的人，有他自己的、绝对二维的家——这个家有供他自己和他的儿子们出入的门，以及另外一个更小的供他的妻子和其他女人出入的门。（这是一个存在性别歧视的社会，女性被认为低人一等。）

所有的一切原本都将是非常美好的，直到有一天——方块先生后来在监狱里回忆：

“这是我们这个时代的第1999年的最后一天。淅沥的雨（因为在平面国没有屋

[1] 也是该书主人公的名字。——编者注

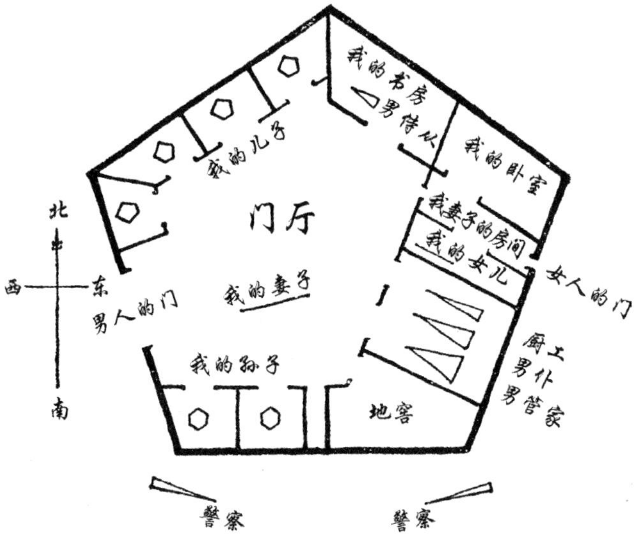

方块先生的房子

顶这样的概念，所以雨只淋在他们的房子的墙壁上）早已宣布夜幕降临；我与我的妻子坐在家里，沉思往事，憧憬……即将到来的新世纪。”

他们屋里出现一种奇怪的声音，接着突然，“让我们恐惧的是……我们面前出现了一个庞然大物！”它没有穿过屋子的两个门中的任一个，而是以方块先生以及他的妻子都无法理解的某种方式突然出现在了他们的房间中。这位不速之客很快开始变形，从一个非常小的圆形逐渐变成一个大圆形。方块先生的妻子被吓坏了，以睡觉为借口用最快的速度滑出了房间。方块先生留下来独自面对陌生人。他非常客气地询问这位尊敬的客人来自哪里。陌生人说：“我来自第三维度——上面和下面。”

方块先生非常困惑，他确定地回复客人说，客人的意思一定是来自北方或南方，也有可能是来自左边或右边。但客人坚持说：“不是你说的那种。我来自一个你无法看到的方向。”

方块先生认为这一定是在开玩笑，但客人又固执地说：“……先生，你听我说。你生活在一个平面上。你所谓的平面国是一个辽阔的平面，……你和你的同胞在这个平面上活动，不能高于或低于这个平面。”

为了证明自己的观点，客人说他要从平面国的下面穿过平面国，然后悬停在上面。当这些发生时，方块先生被眼前的一切惊呆了。陌生人先是一个大圆，然后变成一个较小的圆圈，然后变得更小，最终变成了一个点。

然后刚才的过程又倒放了一遍。我们知道来访者是一个球体，他向上穿过了平面国然后又回来。然而，方块先生却只能看到一系列的截面。他不知所措。他觉得生活在一维空间中的生物因为看到一条线突然出现而感到惊奇是正常的。那是因为那些生物不明白它们实际上存在于更为宽广的二维空间中。方块先生对此深信不疑，但他无法想象自己实际上存在于一个更广阔的三维空间中。

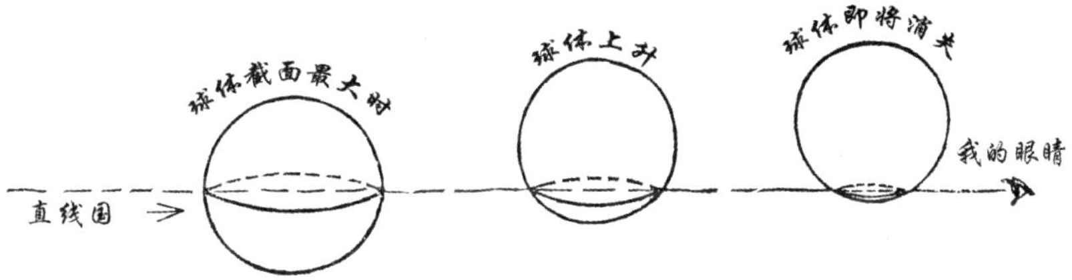

球体到访

来访者意识到他需要进行进一步的示范。方块先生的账簿存放在家里的一个大房间（书房）里。来访者要求方块先生把那个房间的门锁上，然后说自己会上升到存在于平面国“上方”的不可见的第三维度，从那里下降进入上锁的房间（该房间当然没有屋顶，在一个二维的世界中没有屋顶这样的东西存在）取出账簿。

方块先生不相信来访者。他自己的梦中关于一维空间的事情是真的，他从一维空间中拿走的东西对于那些生物来说似乎是突然消失的。但那是因为他可以在激动人心的二维平面国中，在被限制在一个有限的一维空间中的生物旁边任意行走。

他相信类似的事情不可能发生在这里，因为怎么可能有超越二维的空间存在呢？当陌生人开始变小并最终消失时，方块先生突然行动起来。

“我冲到（书房）并把门打开了。进去后发现一本账簿不见了。陌生人带着嘲弄的笑声出现在房间的另一个角落，与此同时，那本账簿出现在了地板上。我拿起它看了看，正是那本丢失的账簿。我恐惧地呻吟着，怀疑自己已经失去了意识。”

就在那一刻，方块先生终于准备好了查明真相。陌生访客作了如下解释。

“你所谓的空间真的只是一个巨大的平面。我存在于（真实的）空间中，从上面看到了事情的真相，而你所见的只是事情的表象。你可以自己离开平面。稍稍向上或向下运动一点儿就可以让你看到我所见到的一切。”

陌生人走过去把方块先生举到了“高处”。

“一种难以形容的恐惧攫住了我，”方块先生回忆道，“先是一片黑暗，然后头晕目眩、恶心想吐。”

球体来访者告诉他睁开眼睛，试着平静地观察一下周围。当他这样做时，“我（朝下）一看，天哪，一个全新的世界！……我所在的城市，包括其中的每一个房屋和每一个生物都出现在了我的视野中。”

他终于明白他以前所知道的整个世界只是由在一个平板表面滑动的几何图形组成的。一直住在那里的他没有认识到这些，因为他只有当移动到更高的维度时才能看到刚才的情景。这是一个普遍的原则：对于生活在特定维度中的生物来说的一些看似奇怪的事情，从高一级的维度中观察就不奇怪了。在一维空间中，生物从一个地方消失又在另一个地方突然出现的情况对于直线国的居民来说莫名其妙，但是从平面国看时却不会觉得奇怪。同样，方块先生一旦意识到自己并非只存在于已经习以为常的平面国而是存在于三维空间时，他与陌生人一起经历的事情——东西从锁着的房间中突然消失就变得可以理解了。他所习以为常的平面国只是一个更大的三维空间的一部分，这一点他从来都没有想象过。

然而，在方块先生回到家里以后，他怎么也不能让他的家人或其他人明白他所看到的一切。随着时间的推移，更痛苦的是，他意识到他也开始忘记曾让自己大开眼界的经历。“我从空间国回来约 11 个月后，我闭起眼睛想看到一个立方体，但失败了；虽然之后我成功了，但我却不那么肯定它是否和最初看到的一样。这使我比以前更忧郁了。”

方块先生的故事的结局并不好。他最终被带到了上议院，在那里他发现平面国的祭司们知道他们只是存在于二维空间中，但他们不想让这样的消息传出去——他们害怕发生叛乱，再者，在他们的眼里方块先生是不可信的。因此他们把这个无畏的探险家关了起来。

“7 年过去了，我仍然是一个囚犯。”在书的最后一页他说道。他唯一的希望是，“这些记忆将会以某种方式——我并不知道是何种方式但它们一定有自己的方式——进入人们的大脑中……并且激起民众的反抗，他们将拒绝被限于有限的维度中。”

当然，《平面国》是我们的世界的一个类比。阿博特希望英国人质疑统治阶级的特权，这些特权被当作理所当然的，以至于它们常常被人们忽视。生活在一维空间的直线无法明白它们所在的空间之外还有一个更广阔的二维世界。生活在二维空间的正方形、五边形和三角形也不会明白他们的世界之外还有一个更广阔的三维世界。

这就是读者不应该因为无法想象弯曲的空间而感到不舒服的原因。没有人能想象它，甚至如爱因斯坦那样聪明的人也未必能做到。阿博特只是想说，我们最伟大的科学家也可能和方块先生所在的平面国的文明一样狭隘。

差不多就在《平面国》出版的同时，对于不同几何学的猜测进入了流行文化。在夏洛克·福尔摩斯的故事中，卑鄙的大坏蛋莫里亚蒂教授是一个数学专家，可能通晓非欧几何。在陀思妥耶夫斯基的《卡拉马佐夫兄弟》中，当伊万试图向他单纯的弟弟阿廖沙解释关于邪恶的问题时，他说："我有一颗欧氏几何的世俗的心，我怎么能解决超出这个世界范围的问题？我劝你不要再去想它，我亲爱的阿廖沙，特别是关于上帝的问题，无论上帝存在还是不存在。所有这些问题对于一个只有三维空间的想法的大脑来说是完全不合适的。"

然而，对大多数物理学家来说，是否存在不同几何学的问题仍然没有意义。伊万·卡拉马佐夫是陀思妥耶夫斯基凭想象塑造出来的一个人物。莫里亚蒂教授也根本不存在。科学家们可以继续他们的工作，而不受到曾经困扰知足的中产阶级方块先生的景象的影响。

前面我们提到，爱因斯坦在专利局发现他的 $E=mc^2$ 之后，开始苦苦思索其他的问题。那些几何形状的生物所瞥见的隐藏的世界正是爱因斯坦要解决他思索的问题所需要面对的。

5 转机

到了1907年，爱因斯坦发表他的系列论文并建立统一质量和能量两个领域的理论已经过去两年了。他的理论告诉我们质量和能量可以被看作有内在关联的一类“事物”，在互相转化时严格遵守公式 $E=mc^2$。

毋庸置疑，爱因斯坦的理论非常强大，但它们留下了一个直到1907年还没有解决的问题，即为什么宇宙中的统一没有更进一步。所有我们称之为质量和能量的这类“事物”存在于被称为“真空空间”的环境中。为什么上帝——或者任何创立宇宙的力量——认为应该有两个完全不相关的种类，即一类是“事物”，另一类是“真空空间”呢？如果能量和质量之间存在内在的相互关联的话，事物和空间又为什么不能相互联系呢？

对于当时仍然相信一神创造万物的爱因斯坦来说，这是讲不通的。所以他继续工作了。

1907年爱因斯坦在专利局开始了一个新课题，这个课题将会产生一个新的理论。这个新理论将被称为广义相对论，它不同于他在1905年9月和11月发表的狭义相对论及其推论。爱因斯坦的这个涵盖范围更广的尝试将给物理学带来革命性的改变，而我们直到今天还在绞尽脑汁地理解这种改变。在这个阶段他将到达创造力的顶峰，取得远远超过 $E=mc^2$ 的成就——但也为他的失败埋下伏笔。

天才以迂回的方式行事。在工作中，爱因斯坦喜欢闭上眼睛，也不去理会办公室里钢笔刮擦的声音以及哈勒尔先生巡查时不断发出的啧啧声，以便更清醒地思考。但在 1907 的某一天，他沉思时睁大了眼睛，看到一些工人顺着梯子爬到附近一个屋顶的边缘——或者他只是想象他们在屋顶上。后来他回忆说，脑神经元毫无征兆地突闪火花，出现了“我一生中最得意的想法”。

爱因斯坦开始思考从屋顶上下落的问题。假设你和同伴站在很高的屋顶上，当你们从屋顶的边缘跌落，如果不去观察周围的环境且感觉不到风的话，你和你的同伴都不能分辨你们是否在运动。如果跳的时候你和同伴手拉手，跳下之后把手分开，你的同伴将继续和你同步下落，他看起来相对于你是“静止的”。你和同伴都感受不到重力。

这是你在下落过程中从你的视角看到的景象。但如果有人在地面上看，他可以看到你加速下落，而他自己绝对不会处于失重状态。他的体重在你从屋顶跌落之后没有发生改变。

爱因斯坦感到很好奇，为什么地面上的人会感受到重力，而你突然感觉不到重力了？在你从屋顶跌落的时候在你周围重力应该不会突然消失的。

应该有一种理解这个问题的更好的方法，而阿博特的书《平面国》提供了一个开端。书中的许多人物存在于比他们所能够认知的空间更高维度的空间中，在他们自己的维度中有导向“曲线”，这些曲线解释了看起来神秘的现象。想象一下生活在一维直线国中的那些小生物，它们像狭窄轨道上的小火车一样运动。某一天它们进行了一次长途旅行，沿着直线一直往前走，最后又回到它们出发的地方，这件事连它们当中最聪明的天才也无法理解。但是，在一个像方块先生这样来自更高维度的观察者看来这完全可以理解，他会发现其实一维空间的生物只不过是在二维空间中转了一个圈。正如阿博特在《平面国》的引言中介绍的那样：“我们都会犯同样的错误，都像被各自维度的偏见所奴役。”

结论简单明了。如果物体在更高的维度移动，它们的路径将看似不可理解。在地球上，在我们的三维宇宙中，我们认为有一种看不见的重力从地球中心发出，把我们拉向地面。但是，当我们从屋顶跌落时，如果我们真的是沿着空间的某种弯曲路径——我们无法直接感知但可以通过数学分析揭示出来的弯曲路径滑行了呢？事物和空间之间或许存在一个奇妙的联系——空间中的某种扭曲或通道，事物移动时沿着它们滑动。

伟大的艾萨克·牛顿爵士从未确信他真的懂得重力是如何起作用的。如果爱因斯坦能够给出关于空间中引导我们运动的隐形通道的理论，并能够解释我们在重力作用下的自由落体运动，他将超越牛顿。

前景美妙。在 1907 年的一篇专业的综述文章中，爱因斯坦开始扩展他的 1905 年关于狭义相对论的工作，并加入了一些关于重力的新思想，但在详细阐述自己的观点之前他不得不暂停下来。专利局明显不是能够进行这项课题的理想场所。这并非因为他易受影响而特别要求安静的环境以集中注意力。根据马娅的描述，即使在嘈杂的人群中，爱因斯坦也能够“躲进沙发中，手中拿着笔和纸，把墨水瓶不稳当地放在扶手上，完全沉浸在……一个问题中”。在爱因斯坦二十几岁的某一天，到他的公寓里拜访的一个访客作了如下的描述：爱因斯坦坐在大椅子上，左手抱着孩子，右手在一个平板上写方程，同时抽着雪茄，烟雾从婴儿、方程和访客旁飘过。

要找到空间和事物之间的联系，爱因斯坦有大量的工作要做，仅仅利用零碎的晚间时间是不够的。有时，爱因斯坦会背着哈勒尔主管偷偷地从他戏称为理论物理学教研室的抽屉中拿出论文来。但哈勒尔似乎对职员盯得越发紧了，爱因斯坦常常还没来得及开始进行他的重要工作，就不得不赶紧关上抽屉。

现在爱因斯坦还有另一个更私人的理由去找一份更好的工作。虽然劳厄在 1907 年的拜访并没有给爱因斯坦带来一个新的职位，但到了 1908 年，爱因斯坦的名声越来越大，越来越多的人来拜访。这些访客既不像他和米列娃结婚第一年里他们共同的朋友那样可以和他们一起漫步或聚餐，也不像来自苏黎世理工学院的格罗斯曼那样可以让这对夫妇回忆起学生时代的欢乐时光。新来的访客只与爱因斯坦单独交谈。

米列娃不再是那个热心科学研究的、几乎比他们认识的任何其他女生都聪明的理科学生了。现在她只是爱因斯坦夫人，在她端上啤酒或茶时被以礼相待，随后就被忽略了。

这使得米列娃非常难受。尽管她在数学水平上不及格罗斯曼，但她曾是一个学霸，尤其擅长微积分和统计力学等。那时候，她与爱因斯坦曾梦想着一起工作。即使到了 1905 年，她还帮着检查了他最重要的文章，因为他相信她能够敏锐地找出其中数学上的错误。在最后一篇论文写完后，他们出去庆祝，结果就像他们的明信片上写着的那样“烂醉如泥”，就好像他们还未为人父母，还是天真无邪的学生。

米列娃试图摆脱变化所带来的悲伤，她在写给一个女性朋友的信中这样说：“有了这样的名声后，他没有多少时间留给他的妻子了。……但是我能做些什么呢？”巴黎的一对夫妻——居里夫妇刚刚获得诺贝尔奖。这又一次伤害了米列娃，因为夫妻共同获奖曾是她的梦想，而现在她需要花太多的时间照顾她和爱因斯坦的儿子，不得不把这个梦想搁置。

在照顾孩子方面多花点儿钱有助于给爱因斯坦和米列娃更多自由空间来从事他们渴望的工作。因此，最后爱因斯坦抛开面子，再次联系伯尔尼大学。他们曾拒绝了他的第一份教学职位申请，原因是他提交的关于狭义相对论的文章不符合他们的要求。现在，他提交了他们想要的更符合常规的学位论文，并被录用去讲授最低级别的课程。这个职位没有报酬，除非参加课程的学生给予捐赠。他不得不继续着专利局的工作，但这至少是一个开始。

爱因斯坦的第一节课于 1908 年的春天开讲。这个课程被安排在周二和周六的早上 7 点钟。当看起来没有人会来上课时，永远忠诚的贝索和两位来自专利局的朋友决定参加。在课程结束后，爱因斯坦会和他们一起喝杯咖啡，然后匆匆下山去上班。

在第二年的冬季学期，一个真正的学生加入了学习，这令人非常兴奋。在这个学生退出后，爱因斯坦的妹妹马娅及时出现，才让这门课程免受撤销。她对他讲的东西一个字也听不懂。因为爱因斯坦并不打算收取贝索和他妹妹的学费，所以他家里依然拮据。当一个朋友建议雇一个女仆以得到更多的自由时间时，米列娃忠实地回答说："你们也看到了，我丈夫工作累得半死。"

值得庆幸的是，不久后传来新消息，60英里之外的苏黎世大学有一个合适的带薪职位可以申请，前提是需要一位来自苏黎世的教授旁听爱因斯坦讲课。这很令人担心。爱因斯坦不确定他是否能讲好这堂课——"因为我的记忆力很差"。那个日子终于到来，爱因斯坦讲完课回到家后，米列娃问他效果怎么样。爱因斯坦的回答很悲观。"旁听让我心烦，"他解释说，"我讲得实在很糟糕。"

最终，苏黎世大学让步了，很大程度上是因为越来越多的欧洲物理学家认识到了爱因斯坦论文的力量。此外，当内部候选人弗里德里希·阿德勒，爱因斯坦在苏黎世理工学院的老相识，意识到系里有可能拒绝爱因斯坦时，他撤回了自己的申请："如果我们大学放着像爱因斯坦这样的人不要，却任命我，这是非常荒谬的事情。"

所以到了1909年，在被驱使了7年之后，爱因斯坦终于可以离开专利奴隶的王国，在一所大学中得到他的第一个像样的学术职位。哈勒尔似乎完全没有注意到爱因斯坦越来越大的名气，只是按照标准的工作流程提升他为二级技术专家——除了在爱因斯坦离开前暗示也许有一天爱因斯坦会收获一级技术专家的显赫地位（也许是为了让他保持上进？）。离开了哈勒尔的办公室，爱因斯坦现在终于能够继续他的科学研究——看看宇宙最深的部分是否真的是由之前没有人想象过的曲线或路径连接的。

6
狂想时刻

1909年，爱因斯坦离开专利局来到了苏黎世大学。此时他30岁，而米列娃34岁。伯尔尼是个不错的城市，但它也有些封闭，其实只是一个发展过速的小乡镇而已。而苏黎世是个真正的城市，许多苏黎世理工学院时期的朋友仍然住在那里。这似乎是一个很好的兆头。

搬迁带来了生机。有那么一段时间，爱因斯坦和米列娃的生活变得像新婚时那样令人兴奋。他们遇到了卡尔·荣格，这对米列娃来说可是一件大好事，因为在学物理学之前她的第一兴趣是医学，她和荣格有可能产生很多共鸣。但当荣格邀请到爱因斯坦夫妇共进晚餐时，他的注意力完全集中在了爱因斯坦身上。他忽略了米列娃，一直试图说服爱因斯坦接受自己的心理学理论。爱因斯坦并不欣赏荣格的理论，这对夫妇也没有再去过荣格家作客。

爱因斯坦夫妇与学校的一位法医专家海因里希·赞格的交往则令他们舒服得多。赞格是一个非常聪明的人，是急诊医学的建立者之一，他广泛的兴趣给爱因斯坦留下了深刻的印象。更妙的是，爱因斯坦搬进了他在学术上的拥护者阿德勒所住的街区。阿德勒注意到，爱因斯坦夫妇搬来后心情极好。“我们与爱因斯坦一家关系很好，他们就住在我们楼上，”阿德勒在给他父亲的信中写道，“……他们家的装饰是波希米亚风格的。”

苏黎世大学的工资比专利局的高。爱因斯坦和米列娃都知道，重要的是爱因斯坦没有因为效果不佳的试讲而被拒绝录用。他的穿戴仍然有别于苏黎世大学的其他教员——裤子很短，而头发总是乱糟糟的，但他和米列娃都高兴地认为他们远不是一对普通的中产阶级夫妇了。相比于在伯尔尼时，爱因斯坦更加认真地备课。一个学生记得，爱因斯坦博士没有信赖自己不太好的记性，而是带着“一张写着要讲授内容的概要的、名片大小的纸”。

最重要的是，爱因斯坦善待他的学生。第一次世界大战前的欧洲有着严格的等级制度，教授们当然不会请普通的学生们提问。然而，爱因斯坦一直鄙视那些因社会地位高就摆架子的人。在苏黎世，他鼓励学生们无论任何时候只要有问题就打断他；他课后邀请他们到咖啡馆继续交谈，或只是去了解他们；他经常会把他们带回家，与他们分享他的最新研究进展。学生们喜欢这样。爱因斯坦也总是站出来反对恃强凌弱。若干年后，一个学生回想起她在研讨会发言之前有多紧张，当时爱因斯坦在观众席上向她点头示意，好像在说：“讲吧，你会讲得很好。”当一个傲慢的男学生试图刁难她而显示自己时，爱因斯坦拦住他说：“非常聪明，但不是真的。”然后鼓励她继续。

爱因斯坦和米列娃在苏黎世的新公寓比在伯尔尼时的住所大。空间的增大加上他们重新燃起的感情，让他们很快就有了第二个孩子爱德华。一个去过他们家的学生还记得，当两个男孩吵闹不休，以至于爱因斯坦都无法专心工作时，这位年轻的教授会微微一笑，拿起专属于爸爸的终极武器——小提琴，用孩子们喜爱的音律让他们放松下来。他和米列娃称自己的儿子们为“可爱的小熊”。

1911 年，布拉格德语大学提供了一个更好的工作机会，所以他们再次搬家。此时，爱因斯坦的薪水上涨，他们租住了一套真正的大公寓——这是他们的第一个有电灯的公寓。在履行行政职责的间隙，他有了更多的思考时间。

布拉格在某些方面给了爱因斯坦喘息的机会，但对讲德语的斯拉夫人米列娃而言则不舒服得多，这主要是因为城市中讲德语的市民和讲捷克语的市民之间的对峙。捷克民族主义逐渐变强，但少数德国人却控制着许多高级的职位。能熟练地讲两种语言的捷克人常常拒绝讲德语，使得像米列娃这样的不懂捷克语却想在这个城市购物的人很尴尬；更糟糕的是德国人藐视包括米列娃在内的所有斯拉夫人。这所“德语大学”正好证明了这个事实，它就是诞生在从一所学院分拆出独立的“捷克语大学”之时。当时爱因斯坦特意向捷克语学生开放他的课程，但大多数教授拒绝与对方大学的任何人交谈。城市里还生活着一个有犹太文化背景的小群体，他们试图保持中立。就在他们的一个沙龙上爱因斯坦遇见了弗朗茨·卡夫卡。然而，与这位温和的、已经声名鹊起的外国人面对面时，卡夫卡似乎害羞得不知说什么好了。我们只能凭想象来猜测他们到底谈了些什么。

对爱因斯坦一家来说，布拉格也许不是最宜居的地方，但至少在这里爱因斯坦能够把他的思想实验推进许多。他已经有了一些想法——空间本身在某种程度上被扭曲了，这可以解释他对重力的猜想，但是他还不能解出其中的细节。他还有一些想法——因为这些扭曲，从遥远的地方传播过来的星光在经过太阳附近时会弯曲，但他也不能完全确定其中的细节。

说来奇怪，一类冒险故事倒是帮上了忙。这类故事讲的是一个昏迷的英雄探险家醒后晕头转向，要在极短的时间内搞清楚自己身在何方的经历。爱因斯坦按这个思路去思考。在想象中他假定，一个昏迷的人在一个没有窗户的密闭房间中醒来，这个人已经记不得他是如何到达那里的，他浮在房间里感觉不到任何重力。

他有什么办法可以搞清楚自己身在何方吗？

这位英雄探险家能意识到的一种可能是他身处遥远的太空，远离太阳系和任何超大的诸如太阳或木星的能够提供重力的天体。而另一种可能是，他只是在一栋高楼的电梯中，就像处于美国当时正在修建的新摩天大楼的电梯中一样，一个卑鄙小人切断了缆绳，所以英雄探险家从电梯井顶端跌落。如果电梯的轿厢是完全封闭的，他会自由地悬浮于其中。他不能分辨到底是哪种情况。这与爱因斯坦在伯尔尼时所想象的工人们从屋顶坠落的情景很相似。当他们在空中下落并无法看到周围并感觉到空气的运动时，他们唯一知道的是他们处于失重状态。他们无法说出自己距地面有数英里还是只有几英寸。

爱因斯坦现在意识到，有一个办法可以帮我们无畏的英雄不用看封闭空间的外面就能区分上述的两种可能性。英雄所需要的只是两个苹果。他每只手拿一个苹果，张开双臂并放开苹果。

如果这两个苹果静止不动地停在他身体的两边，他就会知道自己身处于浩瀚的太空中，远离任何岩石嶙峋的行星。他将有足够的时间来制造一台机器帮助自己脱离危险。

但如果在我们的英雄放手后，苹果没有停在原来的位置，而是缓慢地向着他的身体靠近，如果他确定这不是由空气流动或自己紧张的呼吸造成的，他会意识到自己“摊上了大事儿”。只有一件事情可以让两个苹果奇怪地向他靠近，那就是在下面某处存在一个引力中心，两个苹果都在从初始位置向着它移动。

想象一下，如果他处于地球表面，你会看到更强烈的效应：

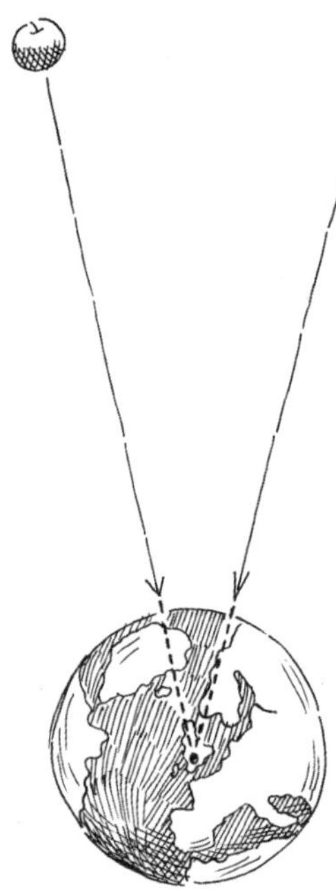

结论令人遗憾但也很明确。如果同样的效应发生在小规模范围内，那么很明显，我们的英雄处在自由下落的电梯中。他、苹果、整个电梯轿厢随时都有可能重重地掉落在地面上。

通过苹果如何移动来推断探险家的处境是一个巧妙的方式，让他可以分辨出他是正在向一个类似我们星球的引力源运动，还是身处遥远的太空。但有一个难题。在自由飘浮时他察觉不到任何力，然而有一些东西使同样自由飘浮的苹果朝他移动。如果他察觉不到任何力，自然，苹果也感受不到任何力。

一个想象中的电梯轿厢内的空间如何能让飘浮的苹果相互靠近，或者向同处一室的探险家靠近？它们只是悬浮在空荡荡的空间中吗？

在解决这个问题时，爱因斯坦对于他自己发挥创造力的过程的认识逐渐深入。思想家常常被归类为两类——高尔夫球运动员类和网球运动员类。高尔夫球运动员独立完成比赛，网球运动员则需要与对手共同完成比赛。牛顿是一名高尔夫球运动员；沃森和克里克——像许多词曲作家那样——是网球运动员。爱因斯坦已经做了很长时间的高尔夫球运动员。他可以独自一人在这个问题上取得一些进展，但他如果想取得进一步的结果则需要与他人合作。

爱因斯坦能求助于谁？米列娃已经帮不上忙了，因为尽管她在苏黎世理工学院完成了本科课程，且熟练地掌握了数学和物理学，也曾经能够帮助爱因斯坦检查先前的论文，但是现在的问题已经远远超出了他们在学校所学的东西的范畴。出于同样的原因，贝索也不行。虽然爱因斯坦曾经说过他已是“欧洲最佳顾问听众”，但他缺乏从事严肃研究所需的野心和异想天开的态度，这意味着他同样没有，也不会学得足以提供帮助的知识。

在这漫长的、进展迟缓的通向广义相对论的征程中，爱因斯坦真正需要的人是他的挚友兼学习伙伴，在学生时代曾经将课堂讲义笔记借给他的格罗斯曼。在担任了一段时间中学教师后，格罗斯曼去了研究生院学习高等数学，并自那以后一直呆在学术界，后来成为苏黎世理工学院的数学教授。此时苏黎世理工学院刚刚升级为一所综合性大学[1]，德语简称为 ETH。10 年中两人联系过几次，分别在格罗斯曼帮助爱因斯坦在伯尔尼找到专利局的工作时和在辅助爱因斯坦申请高中教师的职位（而未遂）时，但多数时间两人还是天各一方。然而，爱因斯坦仍然非常敬佩格罗斯曼的才能。如果能回瑞士找到一个职位，和格罗斯曼在一起，爱因斯坦将会受益很多。

爱因斯坦和米列娃有另外一个私人原因再次搬家。远离他们的苏黎世的朋友

[1] 即瑞士联邦理工学院。——编者注

给他们的婚姻带来了太大的压力。他们在布拉格经历的讲捷克语的人和讲德语的人都表现出的冷淡显然没有改善他们的关系，爱因斯坦和米列娃都觉察到了他们之间的分歧。一场大型学术会议在布鲁塞尔举行，汇聚了绝大多数欧洲顶级物理学家，而爱因斯坦并没有带米列娃一起参会，尽管对她来说这是见到她所仰慕的最聪明的人的一次绝好机会。这些人包括来自曼彻斯特的欧内斯特·卢瑟福，来自柏林的马克斯·普朗克，还有一位她看作榜样的成功的女性物理学家——来自巴黎的居里夫人。爱因斯坦离开后，米列娃写信给她的丈夫，快速蒸汽火车载着那封信在大陆上飞奔。“如果我去哪怕听一点儿或者见到所有那些优秀的人们，我都会非常开心。我们仿佛已经很久没见了。……你还能认出我吗？”

也许回到苏黎世后的生活会变得像以前一样充满激情。因此，当爱因斯坦在瑞士联邦理工学院这个不久前还不想接收他的机构里为自己找到了一个教授职位时，米列娃非常高兴。1912 年他们举家搬回苏黎世。

他们到达了苏黎世后不久，爱因斯坦就急匆匆地跑进他朋友的书房说：“格罗斯曼，你得帮我，否则我会发疯的！”格罗斯曼愿意帮忙。爱因斯坦现在已经在瑞士联邦理工学院——曾经的苏黎世理工学院取得了合适的职位，紧邻他的老朋友和支持者——现在他们也是同事了。

7
磨砺工具

格罗斯曼的第一步是帮助爱因斯坦补上他因在学生时代逃了太多的课而落下的数学。如果空间是弯曲的，他们将需要一些方法来测量弯曲的程度。在格罗斯曼（这个人似乎什么都知道！）展示了许多必要的并且已经存在的工具之后，爱因斯坦被震惊了。

格罗斯曼给爱因斯坦讲的数学工具建立在长途跋涉测量地球纬度和经度的制图员们早已发现的方法的基础上。当18世纪的测量员测量相距数十英里的木质观测塔之间的距离时，即使塔间的地面平坦得像是被积雪覆盖的荒地，他们也能通过角度的大小来观测这个面是不是弯曲的以及弯曲了多少。

在平地上，无论多大的矩形，它所有的内角严格等于90度。而在曲面上，矩形被从中间向外“推”，其内角因为膨胀而大于90度。

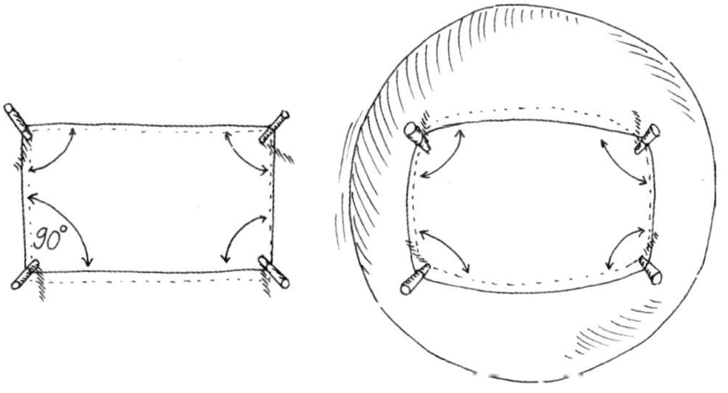

地球表面是一个连续的曲面，虽然缓到人们不能用肉眼辨别出来，但其曲率可以产生惊人的效果。例如，设想从芬兰到北极点有一个完全平坦的冰面，来自芬兰的一个小镇上的两名滑冰选手左右相距一两英里站好，然后，有人发出信号让他们严格地沿着直线向北滑行。

乍看起来，这是一件非常容易的事。两个选手从在家附近冰冻的湖面上滑行得到的经验是，他们如果在开始时沿平行线向前滑行，则似乎可以一直保持相同的距离前进下去。

但现在，随着他们离家越来越远，尽管他们不断检查自己的指南针，努力确保自己不会向一边偏移哪怕一英寸，在靠近极点的过程中，他们还是发现他们被“拉”到了一起，当到达极点时他们甚至撞在了一起。

从他们的角度来看，这非常难以理解。为什么相距一两英里的两个人，小心翼翼地沿着互相平行的直线前进，却最终碰在了一起？但是，从地球上足够高的地方——比如一个巨大的能够俯瞰那两个滑动的小点的热气球上——看下去，原因将是显而易见的。选手们感觉好像被无法逃脱的神秘的力拉到一起，这其实是一种错觉。因为地球是一个球体，任何在曲面上沿着平行直线前进的旅行者都必然会碰到一起。

这个现象与爱因斯坦的双苹果思想实验相同，只不过前者发生在地球表面，而后者不是。在爱因斯坦的时代，几乎没有人相信这些奇怪的效应和弯曲的路径会存在于我们的星球表面之外的地方——看起来似乎是空空如也的外层空间可能也存在某种能够影响其中物体的移动方式的隐藏结构。相反地，每个人都认为，行星和恒星所处的遥远空间是牛顿想象的那样，像演出开始前光秃秃的黑暗舞台一样，平坦而空荡荡的。

现在格罗斯曼向爱因斯坦解释，一些数学家已经敢于超越那些已成为共识的假设。在阿博特创作出他的《平面国》寓言之前几十年，少数无畏的英雄已经开始想象，我们的星球可能存在于比我们能看到的结构更广泛的空间几何结构中。匈牙利人鲍耶在 1820 年发现这样的想法在逻辑上行得通时非常兴奋，他写道："从无到有地创造出了新宇宙！"对断断续续研究这些想法几十年的德国数学大师高斯而言，"（曲面几何）的定理似乎是矛盾和荒谬的；但静下心来认真想一想，它们并不是不可能的"。

但这些优秀的数学家都没有发现支持这一可能性的实验证据，这个领域因此沉寂了。阿博特在剑桥学习时注意到了这些没能成功的努力。虽然文献中有对这些工作的零星记载，但大多数物理学家没有认真对待它们。继续思考这些可能性的数学家们通常被认为是在浪费时间。甚至爱因斯坦也曾经这样嘲讽过，他在 1902 年写给米列娃的信中说：“格罗斯曼获得博士学位的课题是在非欧几何上做无用功。我完全不知道那是什么。”然而现在，1912 年，爱因斯坦改变了他的观点。他承认：“我现在充满了对数学家的崇高敬意！”

由前一个世纪的先驱数学家发展出的研究这些弯曲空间的几何结构的尘封已久的工具真是好极了——它们也非常适合爱因斯坦和格罗斯曼手头的任务。数学家黎曼——高斯的一个学生——在 1854 年的一次讲座中证明的一个想法很清楚地显示了这一点。年事已高的高斯也出席了这次讲座。在讲座中，黎曼指出，居住在任何曲面上的生物都能够得出任何一个位置上曲面的弯曲程度。这一观点发展了制图员们已经提出的思想：如果三角形向外凸出，它们所在的表面应该是像我们地球这样的球体的表面；如果三角形向内收缩，则其所在的表面是凹陷的——得出这些结果不需要离开这个表面。生活在平面国中的方块先生，甚至在来访的球体把他抬高以便让他俯视平面国之前，就可以使用这些步骤推断出他生活在平面上。

爱因斯坦意识到，如果严格地按照高斯和黎曼的步骤操作的话，我们也能够通过测量远距离角度的方法，来分辨出是否有东西使我们的三维空间膨胀或者收缩。如果没有这样的测量设备，则我们无法分辨，因为眼前的空间在我们的感觉中显得非常平坦。人类没有能力“看到”更高的维度，爱因斯坦也不能。但通过计算我们将能够分辨出是否存在弯曲。

深层的想法是如此简单又如此漂亮，所以后来爱因斯坦可以很容易地向他的二儿子爱德华解释这个原理。他说，想象一下，一只小毛毛虫正在一棵大树的树干上爬行。小毛毛虫不知道它所在的树干是弯曲的，也不清楚它在爬行时以一个弯曲的路径通过空间。只有从更远处看着树干的我们可以看到发生了什么。爱因斯坦向儿子解释，自己花这么多时间进行研究的目的是试图为那只陷入困境的小毛毛虫找到一个弄清楚它所处的世界实际上是否弯曲的方法。

爱因斯坦仍然在玩智力“高尔夫”，但格罗斯曼作为他偶尔的“网球”搭档帮了他很多。“我现在的工作重心是万有引力问题，”爱因斯坦在给曾经怀疑他而现在又钦佩他的慕尼黑物理学家索末菲的信中说，“我相信，在这里的一个数学家朋友的帮助下，我会克服所有的困难。”

尽管格罗斯曼和爱因斯坦喜欢夸大他们之间的差异，但他们实际上是一对很好的搭档。格罗斯曼“不像我这种古怪的流浪者”，爱因斯坦后来指出。一起在瑞士联邦理工学院的近两年中，爱因斯坦总穿着皱巴巴但很舒适的衣服；格罗斯曼则总是穿着笔挺的西装并搭配洁白的高领衬衣。爱因斯坦打趣说，他不会去碰数学，因为“（它）有无数个分支，每一个都能够耗尽我们短暂的一生”；格罗斯曼则觉得物理学太简单了，只给了他一个有益的启示。格罗斯曼说：“（在学习物理学之前）我坐在椅子上感觉到（之前坐在上面的人）留下的余热时我会微微颤抖。现在这种感觉已经没有了。在这一点上，物理学告诉我，热是完全没有人情味儿的。”

爱因斯坦在这个时期用的笔记本被保存了下来。那是一个褐色的布面封皮小本，里面满是他留下的整洁的墨水笔迹，所有字母略向右倾斜。第一页是他涂画的消遣解谜游戏，画着一个火车轨道系统和需要转轨的车厢。紧接着就是他认真的计算。过了几页，出现了哀怨的话——“太复杂”，这表明爱因斯坦遇到了麻烦——他在试图罗列一些曲率，使之在来自任何方向的观察者接近一个表面时都有意义。在另一个地方，“格罗斯曼”令人欣慰地出现了，这个朋友带来了一个关键的方法。

1913 年爱因斯坦和格罗斯曼在一篇论文中给出了他们初步的研究结果。论文在结构上分成了合适的两部分，格罗斯曼在数学部分署名，爱因斯坦在物理学部分署名。但爱因斯坦的本领正在提高。到那年年底，他已计划第二年在柏林从事全职工作。格罗斯曼已经提供了他所能提供的最多的帮助。

从这时起，爱因斯坦开始独自前行了。

独自完成他和格罗斯曼共同开始的课题的后一部分是爱因斯坦一生中最有挑战的工作。“与这个问题相比，（1905年的）狭义相对论简直就像是小儿科，”爱因斯坦写道，“没有经历过那种折磨和希望破灭的痛苦的人是体会不到其中的艰辛的。”

他的同事们知道他有多么专注。“爱因斯坦被重力问题深深吸引，以至于感觉不到其他任何事情。”索末菲对一个同事说。但爱因斯坦月复一月地思考着这个问题。“我在一生中从来没有这样折磨过自己。”他说。因为他感觉到将要发现的东西比 $E=mc^2$ 重要得多。“自然只向我们展示了狮子的尾巴，”他在给他的老朋友——苏黎世法医专家赞格的信中说，“但我毫不怀疑尾巴的后面是一头雄狮，尽管它因为太大而不能直接呈现在我们面前。”

还有一个更大的问题。1912年回到苏黎世对爱因斯坦和米列娃的婚姻没有任何帮助。这一方面是由于在那个性别歧视严重的时代，受过高等教育且聪慧过人的米列娃被迫把精力放在了家庭中。另一方面，更要命的是，虽然爱因斯坦仍与米列娃生活在苏黎世，但爱因斯坦已经被远在柏林的远亲——已养育大了两个女儿的单亲妈妈埃尔莎·洛温塔尔吸引。

埃尔莎是长着一双美丽的蓝眼睛的职业演员，享誉柏林的文艺界。她会说流利的法语，说得比爱因斯坦好很多（这并不是特别难，因为曾经见过爱因斯坦的一个富有同情心的法国人报道说，爱因斯坦蹩脚的法语不仅发音生硬，而且还经常夹杂德语）。埃尔莎和爱因斯坦一样喜欢音乐和戏剧，而且她还很了解他，在他嘲笑她自以为是的朋友时她感到很有趣。此外，因为埃尔莎接受的是艺术教育而非科学教育，所以如果来访的科学人员在简单地与她打招呼后便转向爱因斯坦，她也不会感到被轻视。

1912年的一天，爱因斯坦意识到他应该停止与埃尔莎的一切联系，并给她写了一封信告诉她，他妻子已经开始明白，埃尔莎不只是一个远房亲戚，还是他们婚姻的威胁。但爱因斯坦还是附上了回信地址。当1913年年初，埃尔莎随随便便找了个理由写信请求他提供一份关于相对论的好的科普简介时，他忍不住又开始了两人的通信交流。

当爱因斯坦接受了从苏黎世搬家到柏林的邀请时，米列娃勃然大怒，因为她知道这意味着她的丈夫会更加接近这个威胁到他们家庭的女人。他们年幼的儿子们不知道发生了什么事。在1914年春天一家人随着全家的物品抵达柏林时，两个孩子面对这个现代化的大城市显得非常高兴。但是爱因斯坦和米列娃已经不可能像当初那样坐在阳台上看着阿尔卑斯山脉，抱着对方享受乔迁的喜悦了。在朋友们的眼中他们变得多疑、冷漠和容易受伤。1914年在柏林度过的前几周中，爱因斯坦残忍地告诉米列娃他只会在“完全出于必要的社交原因”的情况下展示一丝表面上的友善，尽管即将分手显然是他的错。

到了1914年7月，事态发展到了令人不能忍受的程度。米列娃不能像这样过下去了，她的丈夫明显地移情别恋了。她认为他们的婚姻还可以挽救，但自尊心使她不能继续下去了。爱因斯坦进退两难，因为在他心中他们的婚姻结束了——他甚至开始把埃尔莎的孩子们称为他的继女，但他还想继续见到他的儿子们。最后，热心的贝索专程从苏黎世赶来帮助米列娃和孩子们搬回了瑞士。爱因斯坦没有坚持离婚，并同意以后寄给米列娃自己一半的薪水。在柏林火车站，当他看着他的孩子们离去时他流泪了。然后爱因斯坦为自己找到了一个仅够孩子们过来时居住的小公寓。

和米列娃的分手已使爱因斯坦疲惫不堪，持续的工作又消耗了他的大部分精力。而这还不是全部，在他与米列娃分开后的一个月，欧洲爆发了战争。柏林局势迅速恶化。很快食品变得短缺，电力和燃料的供应被削减，疯狂的纳粹主义控制了一切。他在写给他的老朋友贝索的信中说：“当我与别人谈话时我能感觉到他们极端疯狂。”他对在荷兰的一个朋友说：“我相信，这是一种精神上的传染病。”

爱因斯坦的生活一片混乱，但他怎么会放松他的探索呢？他必须解决引力问题——自从1907年他就一直在思考这个问题；他必须揭开宇宙最深处的秘密。

随后，在1915年11月，他取得了重大突破。

8

最伟大的思想

爱因斯坦在战时硝烟弥漫的柏林的发现是自牛顿以来人类对物理世界的理解上最伟大的突破，是一项永恒的成就。如果没有爱因斯坦，肯定会有其他人发现方程 $E=mc^2$，并且不会比他 1905 年的发现晚多久。例如，法国人亨利·庞加莱和荷兰人亨德里克·洛伦兹不出几年也可以发现它。但没有人的工作能接近爱因斯坦在 1915 年取得的成就。虽然具体细节很复杂[1]，但其核心思想可以简述如下。

把真正的虚空空间想象成一个巨大的蹦床的床面。它平平坦坦，没有弯曲，没有凹陷或凸起。如果你沿床面轻轻弹出一个小球，它完全不会使蹦床床面变形，只会沿着直线前进。

现在在那个蹦床床面上放一个小石块。它的重量使蹦床向下凹陷。再次轻轻弹出小球，当它从小石块近旁经过时，由于凹陷的存在，小球运动的线路会稍向小石块所在的位置弯曲。石块的质量使蹦床变形，蹦床的形变又会改变小球等其他靠近的物体移动的路径，如图所示：

[1] 附录中更详细地说明了这一点。特别是，我们将看到，不仅空间会弯曲，时间也会。——原注

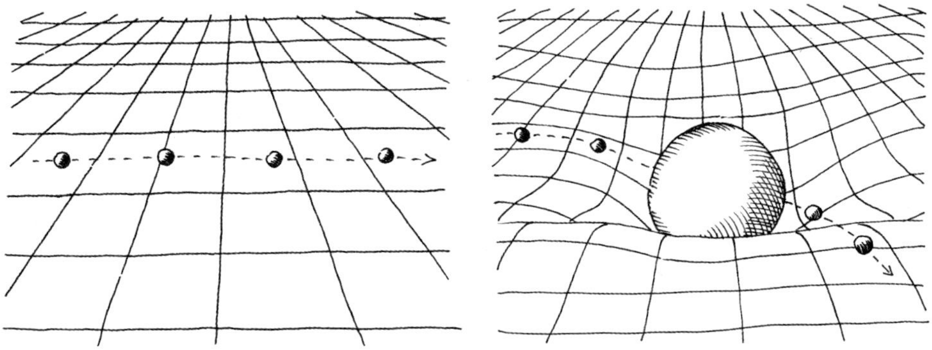

这就是爱因斯坦的观点，也就是解释空间扭曲来自何处的理论。从他开始思索电梯中的探险家时他就一直在试图定义的曲率——或者说扭曲，来自遍布空间的所有的事物——所有的质量和能量！无论质量或能量出现在空间的哪个地方，它们都会像石块压在蹦床上那样扭曲周围的空间。把一小块质量放在一个新的地方，那么这块质量周围的空间结构就会略有不同，就像你把手按在看不见的有弹性的橡胶薄片上，再把手向旁边移动，就会使橡胶薄片的形状发生变化。当一大块质量到达一个新的地方时——例如整个地球在其轨道上向前冲时，它会在我们周围看不见的空间中产生大得多的扭曲。

这是一个很棒的、大胆的想法，在很多方面类似于爱因斯坦的早期发现——连接 M 和 E 两座半球形城市之间的隧道。爱因斯坦意识到，正如能量和质量之间有着一种无形的连接那样，这两者与它们所占据的空间也具有一种类似的联系，密不可分。他始终相信宇宙是统一的，而现在他离终极理论更近了一步。

爱因斯坦关于空间扭曲的理论代表了物理学史上的一个分水岭，但这只是他的发现的一半。在查明事物对周围空间的作用的过程中，他还对这种作用如何影响在其附近的其他事物有了新的洞察。

当一个蹦床弯曲并下陷时会发生什么？几何结构的扭曲会使其近旁的物体改

道和转向。在具有凹陷的蹦床床面上前进的小球并非受到了石块的某种神秘的力的作用，它只不过是沿着从它的角度而言最简单的路径运动。

这个想法在直觉上是讲得通的。在空间中的某一点产生一个扭曲的几何结构，这将导致附近的一切事物沿着一条新的合适的路径，而不是其他莫名其妙的路径运动。正如我们所看到的，这就是为什么两个芬兰滑冰选手会发现在接近北极点时他们不可避免地聚在了一起。他们在一个二维的表面滑动，而这个表面沿着我们的三维的地球弯曲。这也是当存在一个重力源时，自由飘浮的两个苹果慢慢地向对方移动的原因。它们沿着三维空间运动；按照爱因斯坦的想法，三维空间一定是包裹着一个看不见的四维空间的曲面。飘浮在苹果之间的郁闷的探险家只是看到它们沿着那种弯曲运动。

在爱因斯坦彻底重新构想的空间中，无需再画蛇添足地加入重力；相反，重力只是空间弯曲的结果。在白雪皑皑的北极不存在那种牵引着滑冰选手接近对方的无形的神秘之力。物体总是沿着从它们面前延伸出去的最简单的路径运动，直到有什么东西把它们推开。一个人甚至不必去构想冰冷的北极或坠落的电梯等例子。来看看冲到几英尺高的海浪上的冲浪者吧。假定无法看见他下方的海浪，那么你很难明白他是如何上升到几英尺高而后又向下滑落的。然而，在你看到海浪的那一刻，一切都变得那么理所当然。

爱因斯坦认为，空间的几何结构以及其内部物体的运动，都是由物体本身引起的空间扭曲所决定的。如果空间中不存在任何物体，那就没有扭曲，空间就像一个平坦的几何平面。如果在那个平面上有一颗行星，那么就会存在某种扭曲，因为行星使它周围的空间向下凹陷。如果空间中存在几十颗行星，则会有更多的下陷和扭曲。

这种认识从根本上改变了我们理解宇宙结构的方式。1816 年数学家高斯写道：

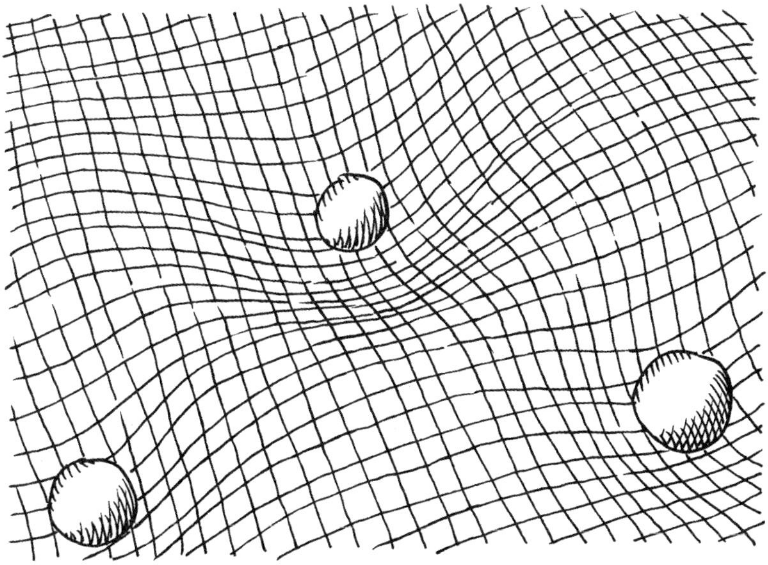

“也许再活一次我们将能够获得洞察空间的能力，但现在这是无法企及的。”不到一个世纪之后，爱因斯坦已经做到了。所有的事物和其周围空间的几何结构完全无法分割。它们之间存在一种深奥的联系。把一块巨大的岩石放入空间中的某个地方——就像地球本身在太阳系中占据某个位置，则它巨大的质量使空间产生凹陷，足以把人、苹果树以及整个山脉紧紧地吸引在它的表面，也足以引导飞机、太空飞船甚至遥远的月球在其相应的轨道上运行。这就是我们的太阳控制地球绕其转动的方式——就像太阳周围形成了一条轨道，我们沿着轨道旋转。我们觉得在每一个时刻都是沿直线前进，这是由于我们无法分身去“看到”我们正在前行所沿的巨大的弯曲道路。然而，爱因斯坦在自己的大脑中“看到”了。

符号能比文字更精确地说明问题。“质量和能量导致空间的凹陷”只是一个非常粗略的近似。爱因斯坦的表达可以更好地阐释为，在空间中某个地方有某些“事物”，我们可以称之为T，这些事物使其周围的空间几何结构产生了一个扭曲，我们把这个扭曲的空间几何结构简称为G。

爱因斯坦从蹦床的例子中总结出来的观点是，事物（T）的任何分布都会在周围产生一个相应的独特的新空间几何结构（G）。在空间中某些地方存在的许多事物——比如人们的手、山脉或爆发的耀斑，会使它们周围的空间几何结构发生弯曲或移位。换句话说，T的变化会导致G的变化。

爱因斯坦的认识具有惊人的简单性，从中可以导出一个极其“简短”的方程。如何看出事物将沿什么路径运动？只要看看它们周围的空间几何结构如何扭曲就可以了。看看下面的简化过程：

- 空间几何结构，比如下陷的蹦床，引导事物运动。
- 空间几何结构引导事物。
- G引导T。
- G→T。
- G=T。

如何知道空间是怎样扭曲的？只要看看其中存在的事物就可以了。再来看看下面的简化过程：

- 事物使它们周围的空间几何结构发生扭曲——比如蹦床的下陷。
- 事物使空间几何结构发生扭曲。
- T使G扭曲。
- T→G。
- T=G。

我们的宇宙配置自身的方式核心处的方程是多么对称呀！两个整齐平衡的短语几乎包含了宇宙的整个结构和动力学。事物使空间几何结构发生扭曲。空间几何结构引导事物的运动。我们用等号来表示上面的相互关系，并把它们合二为一，得到一个简洁的公式：G=T。爱因斯坦的符号有更多的细节特征。虽然 G=T 只是一个比喻，但它也是相当接近的一个了，与爱因斯坦给出的方程的实质相匹配。

这是一个极妙的发现。在我们的感觉中看起来奇怪和随意的事物——比如行星在太空中的运行，实际上遵循着非常清晰和精确的规律。最重要的是，人类通过推理能够揭示它。

对于这个将成为他广义相对论核心的方程，爱因斯坦试图保持谦虚。他后来说："当一个人经过长年的思想探索而偶然发现了一种揭示了这个神秘宇宙的美丽的想法时，他不应该吹嘘。"但是，那时他已经情难自禁了。1915 年他沾沾自喜地写道："（这）是我一生中最大的满足。"在写给他的朋友贝索的信中，他显得更加得意。1915 年 11 月取得重大突破后他在信中写道："我最大胆的梦想已经成真。"落款是："阿尔伯特，你心满意足但累坏了的朋友，向你致以亲切的问候！"

III

荣耀

爱因斯坦和他的第二任妻子埃尔莎，20 世纪 20 年代初期，柏林

9

真或伪

爱因斯坦一直深信我们的宇宙构建在一个不可见的框架之上，只是这个框架尚未被发现。他也一直觉得宇宙的架构是简洁、严密而清晰的。而有什么会比 G=T 这个关系更符合这样的理念呢？在这样的信念的支持下，爱因斯坦认为自己关于空间和引力的理论不可能是错的。

就在 1915 年他刚取得突破的时候，爱因斯坦对自己没有丝毫怀疑——然而他知道别人曾对他有所质疑。他在重力方面最早的想法可追溯到 1907 年在专利局工作的时期，不过在那个时候那些想法的影响力非常小。而他在布拉格那些年进行的研究更像是一种个人爱好。随着爱因斯坦在物理学界名气渐增，也有越来越多的反对他工作成果的声音出现。1913 年，他在维也纳的一个学术会议上公开了引力理论研究更深一步的结果。与会者都是当时杰出的物理学家，他们纷纷表示他几乎是在妄想。爱因斯坦尽管一再尽量保持冷静，但事后也难掩自己的震惊。“我的同行们关心我的理论的唯一目的，”他回忆道，“就是扼杀掉它。”即便是当时欧洲最负盛名的科学家普朗克也表示怀疑，在给爱因斯坦的信中写道：“作为一个老朋友，我必须提醒你不要（公开这个新理论）。……你是不会成功的，而且没有人会相信你。”

爱因斯坦知道，自己需要让那些同行们相信他的理论是可靠的，但更重要的是消除他自己的疑虑。数个世纪以来，牛顿的引力理论一直都是科学观念的基石。在那个框架下，空间是不可能弯曲的。爱因斯坦曾向一位他如对待父亲般尊重的而又视为知己的朋友——洛伦兹坦言道："我的事业遭遇了很多困难，使我的信心……在动摇。"

爱因斯坦当时是个相对年轻的学者，并且刚刚得到了业内的认可，此时提出如此颠覆性的理论（G=T）无疑需要巨大的勇气。实质上，他是在告诉他的同行们，他们就像平面国的居民一样，对自己存在于自己无法感知的高维空间中这个事实视而不见。现在他宣布自己发现了这个事实，也难怪他们会表示怀疑。

爱因斯坦需要一次实验，以证明高维空间存在于我们周围。但如何从 G=T 这个极为抽象的关系出发来设计实验呢？

爱因斯坦想到一种可能。他曾基于他的新方程重新计算了水星的轨道，而结果与牛顿力学给出的有些许差别。但问题在于，这并不是一个"新的"消息，天文学家们已经观测到水星运行轨道与理论计算的偏差。尽管除了爱因斯坦还没有人可以解释这一现象，但难免有好事者说闲话，声称爱因斯坦其实是基于这一已知的天文观测结果构造出一个理论，再反过来解释这个现象。

但如果他的新理论预言的某个结果超越了所有人的想象力，并进一步被实验证实，那么这种验证方式无疑会更令人印象深刻。实际上，早在 1912 年，当爱因斯坦还在布拉格的时候，他就曾考虑过这种可能性。

回想一下那个在绷紧的蹦床上滚动的小球。如果蹦床表面是平坦的，小球的滚动必然是沿着直线前行的。如果蹦床的中心因为放置的石块而凹陷，那么在小球接近中心的时候，其轨迹必然会发生偏转。现在把太阳想象成这个石块，其本身拥有极为庞大的质量，从而会扭曲周围的空间，并产生一个巨大的"凹陷"。地球就在绕着这个凹陷运动，就像被困在轮盘里的球一样。在一定的初始速度下，地球不会靠近凹陷的中心——太阳。

在思考如何验证自己的引力理论时，爱因斯坦意识到，不仅行星会因空间的弯曲而发生偏转，光线也同样会因重力“弯曲”。

乍看上去，这似乎是不可能的。常识告诉我们，如果从一个载人热气球向另一个热气球发射一束光，无论这些热气球是飘浮在空荡的太平洋上空，还是恰好在珠峰旁边，两者之间的光线都应该是笔直的。光的传播并不会因为其附近巨大的山体而发生偏折。

爱因斯坦现在则认为，光沿直线传播的这一信条其实是个错觉，一个因为地球本身重力效应太弱而产生的错觉。如果能够观测重力比地球上的强得多的地方，我们应当能探测到光的传播突然发生偏转，仿佛是沿着空中骤然出现却不可见的沟壑前行。

回想一下爱因斯坦提出的探险家的思想实验。通过它的另一种情节，我们或许能更好地理解上面这个想法。设想你就是那个昏迷后在一个密闭房间中醒来的探险家。只是这一次，你并不是在无重力环境中飘浮着，而是被一股恰到好处的力拉在地板上。但这依然是个令人困惑的场景。一种可能是，你已经安全降落到地球上。这意味着恐怖的旅程终于结束，在气闸舱打开的时候，迎接你的将会是欢庆的人群。但也有可能，这个密闭的房间还在太空里，只是被恐怖的外星劫掠者挂在母舰上一起前行。如果这艘母舰的加速度调整得当，那股把你拉向地板的力量给你的感觉，会和安全停在一楼的电梯轿厢里面等待电梯门打开的人感受到的一模一样，分毫不差。

假设你不是回到了地球上，而是在那个被劫持的房间中，但你在其中找到了一个被金属挡板遮住的观察窗。假想在你设法打开挡板后，从某个生机勃勃的[1]

[1] 此处作者将形容词 exuberant（生机勃勃的）改写为 exuperant，形成双关语，意指这里图中的星球类似于圣埃克絮佩里（Saint-Exupéry）作品《小王子》中所绘的星球。——编者注

星球上的灯塔射过来一束强烈的光。如果你不是在移动中，光由观察窗进入到房间后，会照射到对面墙上与观察窗相对的位置。但由于房间是随着劫掠者的母舰在一起加速前行，光照到墙上的位置与静止情况下并不相同。在光穿过房间的时间里，房间本身也移动了一段距离。因而光照在墙壁上时，并不是打在观察窗的正对面，而是仿佛弯曲了一般落在偏下方的位置。

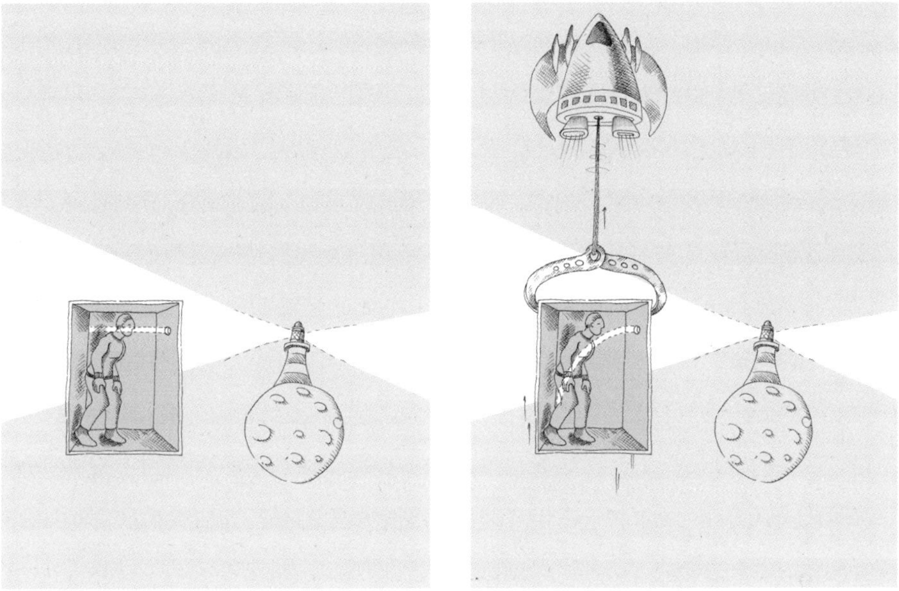

这个思想实验反映了爱因斯坦的核心观念之一。我们可以称之为观测的民主性：正如生活中没有人天生应比其他人享有更多的权利，没有观测者可以自认为他的观测结果优于其他人的结果。在这一思想实验中，这个观念意味着，没有人可以区分自己是在深空中被拖拽，还是在密闭的房间中静止于地球上——如果拖拽的加速度适当的话。在其中任何一个房间里观测到的结果，都应该与另一个房间中得到的完全一致。[1]

为了更深入地理解这个原理的应用，我们可以对比在被劫持的房间中看到灯塔发出的光时的情况与在地球上静止的房间中看到的情况。在那个被拖拽的房间里，你感受到1个重力加速度的作用力而站在地板上（因为那些邪恶的劫掠者在拖拽房间），同时光弯曲着穿过房间。在地球上那个静止的房间中，你同样感受到1个重力加速度大小的向着地板的作用力（因为“真实”重力的存在），同时光将同样地弯曲着穿过房间。（为什么？如果光不是以同样的方式弯曲，你就可据此指出两个房间的不同。但如前文所述，这种区分是做不到的。）

从这个简单的思想实验，爱因斯坦推断出光线会在引力场中弯曲，与我们在加速的房间中观察到的一样。而这正是那种他或许可以验证的预言。在通向广义相对论的这么多年的工作中，他很早就得出一个粗糙的设计方案，但其细节直到1915年最终理论完成之后才得到真正的完善。

爱因斯坦想象中的实验也很简单——至少从科学角度来看是这样。他所需要的仅仅是找到一个质量庞大的天体——质量大到足够让它周围的空间产生一个巨大的凹陷，然后观察光在靠近这个天体时是否会发生轨迹的偏折，像高速飞驰的赛车在转弯时会留下一条弯曲的轨迹一样。并且爱因斯坦预言，通过观测这个天体周边的光线，我们可以看到被它遮住的物体。这是因为这个物体发出的光会顺着被重力扭曲的空间进入观察者眼中。

爱因斯坦意识到，在我们的太阳系中唯一符合这个测试要求的候选者正是太阳。它质量极大，因而可以在很大程度上扭曲周围的空间，使经过其边缘的光的轨迹发生一定的变化。但按这个想法验证有一个难点。爱因斯坦知道，即使太阳能让其周围的光弯曲，大多数时候这都无法被观测到。这种弯曲效应可能很弱，弯曲的

[1] 在物理学中，这被称为等效原理。——译者注

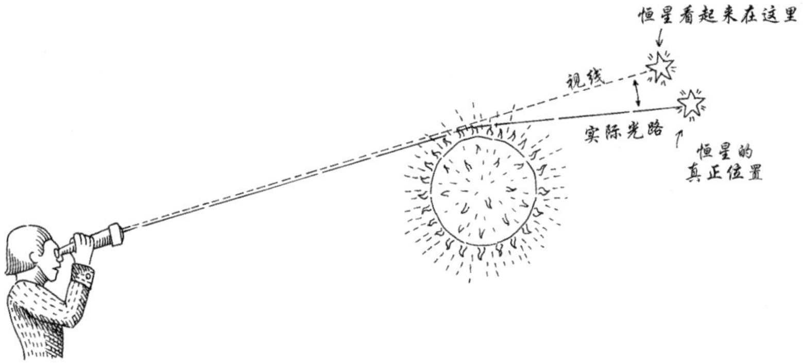

角度大概只有一度的几分之一。白天的时候，太阳本身的亮度过强，观测掠过它的那些遥远而暗淡的星光是一件不可能的事情。

但如果是日全食的时候呢？那将是个两全其美的机会——天空是黑的，而太阳正在头顶。突然之间，我们就可以看到那些贴着太阳表面由远处而来的星光。如果这些光发生了弯曲，我们应该是可以探测到的。

早在爱因斯坦刚开始考虑 G 和 T 之间关系的时候，他就已经在脑海中构想了这个实验。1915 年 11 月，他终于取得了理论上的突破。当年年末，在向德国那些最著名的科学家们正式公布广义相对论这个以 G=T 为核心的全新理论时，爱因斯坦却没有办法将实验的结果包括在其中。他曾把完成这个实验的重任托付给了年轻而充满激情的天文学家埃尔温·弗罗因德利希。后者学识丰富，并愿意全力提供帮助（巧的是，德语中他的姓意为“友好的”），令爱因斯坦印象深刻。然而弗罗因德利希之后的运气只能说是造化弄人。

弗罗因德利希最初向爱因斯坦提议，也许并不需要等待下一次的日食，而是可以先检查存放在汉堡天文台中的那些古旧的照相底片。也许在它们记录的那些日食中，会有恰好符合爱因斯坦实验要求的。爱因斯坦回信支持了他的这一想法。弗罗因德利希在得到汉堡天文台台长的允许后，立刻开始查看和测量底片。然而他却发现，天文台的馆藏中虽然有相当多数量的底片，却没有记录日食时可能发生的星光偏折的。而恰是这一现象才能证实爱因斯坦的理论，也会给弗罗因德利希自己带来尊重和声望。

弗罗因德利希仍然很乐观。他认为与其等待日食让天空变暗，不如试试直接用仪器在白天时捕获遥远星光的痕迹。这个想法让弗罗因德利希非常激动。他在1913年特意前往苏黎世与他的这位新朋友——爱因斯坦讨论这个想法。只是，那恰巧也是弗罗因德利希度蜜月的时候。这意味着不论在他去旁听相对论的课程时，还是在之后弗罗因德利希夫妻与爱因斯坦共进午餐以及进行餐后漫长的散步时，他的新婚妻子都只能礼貌地呆在一旁。对她而言，那必定是非常漫长的一天。

在弗罗因德利希离开后的几周里，爱因斯坦作了一些验算。他发现，很显然，太阳的眩光过于强烈，当时没有任何望远镜可以完成弗罗因德利希提出的观测任务，即使是加州威尔逊山天文台的强大设备也不行——台长来信确认了这一点。

弗罗因德利希的下一个想法似乎更现实一些。大概一年之后，在1914年8月将会发生一次日全食。并且，在不远的美丽的克里米亚半岛上，充满魅力的港口城市塞瓦斯托波尔附近就可以观测到它。那里恰好是俄国帝国舰队的大本营。这也意味着观测结束后，他可以就近找一个好的餐厅或酒店庆祝一下。彼时，德国和俄国多年以来都保持和平关系。没有什么理由去担心会出现问题。

弗罗因德利希热切地想验证爱因斯坦的理论，却让一些掌管德国官方天文机构的老学究们略感厌烦。官方的基金会也因而不愿意为他提供必要的财力支持。爱因斯坦几乎不敢相信官方对弗罗因德利希的这种不屑一顾的态度。他们没有多少时间准备了！1913年快结束的时候，在写给弗罗因德利希的信中，爱因斯坦说："如果学会不打算合作的话，我们也许可以从某些私人机构得到些许（金钱上的）资助。……如果这些都不行的话，我可以用自己微薄的存款来支付所需，……（不管怎样）先预订那些照相底片。……不要因为钱而耽误了时机。"

资金的缺口并没有因为爱因斯坦的帮助而完全填补上，但弗罗因德利希最终设法从极度富有的克虏伯家族那里获得了资助。克虏伯家族是令全世界心惊胆战的军火供应商，他们产的加农炮以及其他军事装备被售往世界各处，他们同时更是德国军队的支柱。

1914 年 7 月底，弗罗因德利希抵达克里米亚半岛。几天之后，第一次世界大战爆发。俄国和德国是交战方。当时弗罗因德利希在离俄国帝国舰队大本营不远处的野外扎营，并调试好了功能强大的望远镜。然而当时没有什么比拥有德国国籍更令人起疑，特别是他所持的文件又表明了克虏伯家族提供了资金支持。他的小队很快被俄国的部队包围，费心准备的精密仪器也全部被查收。8 月 21 日，日食如期发生。当整个欧洲充斥着加农炮的嘶吼时，星光在天空中安静地显现，而此时的弗罗因德利希却身陷俄国的监狱中。

之后不久，通过俘虏交换协议，爱因斯坦和其他人一起成功营救了弗罗因德利希。弗罗因德利希当然没有就此灰心丧气。他一直设法寻找新的机会为广义相对论提供第一手的实验证据。下一次适合观测的日食将会出现在几年之后，等待将过于漫长。但如果放弃大家一直念念不忘的太阳，把观测目标换成木星呢？在它附近也必然存在一个由引力导致的凹陷，星光也一样会跌入其中。虽然光在木星周围偏离直线传播的程度会小于它在太阳附近的程度（正如小一点儿的鹅卵石在蹦床表面引起的凹陷肯定不如一个大石块引起的凹陷明显），但在成像上，观测木星要容易得多。

这个想法也不错。但就在弗罗因德利希开始全力准备新的观测设备时，他所在的汉堡天文台的台长终于忍不住开始发难。爱因斯坦给教育部写信，劝说他们绕过任何阻碍这项实验的官僚，向弗罗因德利希施以援手。部长把这封信转交给了天文台台长。实际上，这位台长不仅是个教授，同时也是一位枢密顾问，对自己“枢密顾问”的头衔和在某些场合下被尊称为“阁下”这件事深以为傲。他当然不认为自己是一个可以被绕过的官僚。在他心中，弗罗因德利希只是自己的一个能力颇受质疑的下属，还如此不受制约和管束。台长给爱因斯坦回了一封语气决绝且措辞尖锐的信说："即便专家们进行了大量极为精妙的观测，也并不能得出任何有用的结论，只会浪费时间和精力，更不用提那些无名之辈了。"

来自弗罗因德利希上司的阻碍并不是唯一的问题。随着战争的继续，英国在海上对德国的封锁愈加严重，这也使得爱因斯坦需要的天文学实验完全无法进行。看上去，验证爱因斯坦大胆的新理论的努力陷入了僵局之中——除非出现其他可以提供帮助的人。

10
日全食

1919年5月，一个精瘦、大汗淋漓的英国人从中非某个小岛上的小木屋里走了出来，抬起头焦虑不安地看着太阳。日食将近，他为此足足准备了两年。但如果从中非西海岸过来的暴风雨不改变方向的话，他的自英国运来，远渡重洋又跋山而至的昂贵望远镜将毫无用处。

尽管已经有些细雨，他还是让手下把仪器准备好，并用自己的外套把镜头遮蔽好。运气还算好，因为在日全食开始前的几分钟，云忽然散开。

太阳的周边闪耀着令人震撼的光芒。上一代天文学家认为，在这眩光中的某处，存在一颗快速公转的行星。它被称为祝融星。之所以有这种猜测，是因为水星的轨道有些奇异。基于牛顿的理论，在考虑了太阳系中其他行星对水星的拖曳效应的情况下，计算出来的水星公转轨道仍然与实际观测到的并不吻合。由此，人们认为可能是临近太阳的一颗行星把水星拉到了其所在的轨道上。

然而还没有人在任何天文观测中捕获到这颗想象中的新行星的痕迹。如果那些即将被安置到望远镜里面的巨大照相底片给出这个英国人所期待的结果，他将不可置疑地证明祝融星并不存在。对此，他将不依赖于照片上没有祝融星的记录这样的结果，而是捕捉另一个证据。这一证据也将验证由那位还不太为人所知的德国理论物理学家所提出的理论。他尽管与那个温和的柏林人尚未谋面，却是因为那个人的工作才出现在如此偏远的岛上。

通过这个英国人的记录，我们知道随后发生了什么。他抬头瞥了一眼天。云又开始聚拢起来。过一会儿他需要快速地换上很多照相底片。他弯下腰，顾不得那环绕在四周的成堆的蚊子。只要能成功采集到这次日食的图像，他后面会有充足的时间去检验理论。

前提是，那些照相底片上的感光乳剂能顺利熬过这热带的高温。

1917年，剑桥大学天文学家阿瑟·斯坦利·爱丁顿的同事们陷入了一种进退维谷的境地。他们都了解爱丁顿是一个意志非常坚定的人，正如那些在自行车骑行中试图赶上他的人感受到的那样。爱丁顿总是保持衣着得体，把整洁的西装裤子的裤腿收到同样整洁的袜子里。当他连续好几个小时飞驰在乡间路上，并远远把同事甩在身后时，他脸上会露出一种近乎疯狂的表情。

这些同事深知爱丁顿的坚定也表现在他的宗教理念中。爱丁顿是个虔诚的公谊会教徒，对于教旨的严格遵循使他并不愿意在旷日持久的一战中保卫大英帝国。很多来自剑桥的青年战死于欧洲大陆，其中就有一位极为出色的年轻物理学家——亨利·莫塞莱。这些青年在加利波利战役中无谓地倒在土耳其的机枪手面前。而此时的爱丁顿所展露出的才华，表明他会成为那一代人中最顶尖的天文学家之一。剑桥的同事们并不想让同样的悲剧发生在爱丁顿身上。

剑桥的行政主管们写信给英国内政部，为爱丁顿申请豁免兵役。他们在信中称爱丁顿留在大学中依然会为战争作出必要的贡献。内政部于是将兵役豁免文书寄给了爱丁顿。困境似乎就这样化解了。爱丁顿所要做的，只是在文书上签字而已。他认认真真地签下了自己的名字，还更认真地在文书上添加了一段附录解释道：自己作为一名公谊会教徒，即使不因文书中的理由得以豁免，也依然会因宗教原因拒服兵役。爱丁顿的一位朋友之后评论说："这份附录将内政部置于了一个逻辑上的

年轻时的爱丁顿，1914 年前后

窘境中，因为公开以宗教信仰为由拒服兵役的人必须被送到（犯人）集中营。”爱丁顿的同事们因此“非常恼怒”。

爱丁顿的朋友们还是找到了一个两全的办法，让他可以同时避开战争和集中营。这对他还有爱因斯坦而言都是件幸事。只是这个方案却和英国的敌国德国以及某些奇怪的科学理论有关——即使在战事最紧张的时候，这些理论还是从德国泄露出来了。

与德国科学家直接联系的渠道在战争一开始的时候就被切断了。审查员们并不喜欢让那些记录着奇怪公式和大串数字的电报穿梭于两国之间。彼时还有一股反对一切和德国有关的事物的浪潮，这股浪潮偶尔会引发骚乱，甚至还使一些紧张的移民家庭不得不改变自己的姓氏。然而，爱因斯坦新想法的点滴却通过在荷兰的可靠的中间人由欧洲大陆传到了英国。

爱丁顿的主要庇护者，皇家天文学家弗兰克·戴森爵士虽然不能理解爱因斯坦的新理论的全部细节，甚至尚未确信它是否合理，但却觉察到，让一个剑桥人去验证这个奇怪的德国科学家的想法无疑是一个绝妙的计划。爱丁顿不仅会证明科学可以超越战争的残暴，还可以保留两国之间珍贵的联系。

戴森和海军部的联系人商讨之后，极为秘密地签署了一项令最虔诚的公谊会教徒也无法拒绝的协议。爱丁顿将会被安排参与政府的一个重要项目，因而在任何情况下都不会被派往战争前线，更不会被投入集中营。他会不自愿地“自愿”领导一个天文科考项目以彻底地验证爱因斯坦的理论。

对这个科学性而非军事性的任务，爱丁顿并无异议。甚至相比于戴森，爱丁顿更欣赏科学在战时所起到的积极的作用。当时英国另一位知名的公谊会教徒露丝·弗赖伊曾写道：“一个人若可以领导旨在治愈战争带来的创伤和凄凉的探险，他就胜过了军队中的一个营。”对爱丁顿而言，这场远行如果可以让工作在英国死敌首都的一位思想家的观点传播开来，则将会是完美的。“纵横的经纬线并不因国境线而改变。”爱丁顿写道。对真理的追求最终会让人类团结起来。

于是，在深陷战争的英国——几乎所有的物资都短缺且周围的海中还潜伏着致命的德国 U 型潜艇——爱丁顿开始准备，以期从爱因斯坦的帮手，那个倒霉的德国天文学家弗罗因德利希失败的地方获得成功。

爱丁顿知道下一次日食发生的时间是 1919 年的 5 月 29 日，他决定利用这个机会验证爱因斯坦的理论。只有在特殊的区域才能看到日食。这一次的观测区域由巴西北部起，越过大西洋，一直延伸到非洲。爱丁顿和戴森于是安排了两支科考队，一支前往位于巴西丛林里的索布拉尔小镇，另一支则前往普林西比岛——位于中非西海岸以西的靠近赤道的葡萄牙殖民地[1]。

没有人有任何关于去过普林西比岛的汽船的记录，即便是伦敦劳埃德保险公司的货运保险员也没有，因此第二支科考队只能尽量靠近那个岛，而后见机行事。由于经费的限制，两支科考队仅由 4 名英国人组成：爱丁顿的两个同事将在巴西观测日食，而爱丁顿本人则和科廷厄姆先生一组。科廷厄姆是他亲自从格林尼治天文台挑选的在机械方面有相当天赋的技工，两人将一起前往普林西比。

有的时候，这种科考队会带上其他国家的实验人员，以帮助出资国家的研究人员。但这一次，一个很容易被想到的外国候选人被排除在外了。当时战争仍在继续，哪支队伍带上弗罗因德利希都是不可能的。即使是在 1918 年 11 月停战协定签署后，这样的跨国合作对这个可怜人而言还是遥不可及。弗罗因德利希当然知道 1919 年 5 月对他而言是一个巨大的机会，因为太阳经过天体密度如此高的天区的日食在很多年中都不会再发生了。只是当时德英两国之间大部分的通信还是被阻断的，他很有可能一直在等待来自科考队的邀请。他的英文足够流利，他也能得到爱因斯坦本人的推荐。1919 年 2 月，当科考队计划出发的日期到来时，他也许终于意识到一切都不可能了，他将无缘参加这次的观测。

在英国，准备工作在一开始的时候缓慢得令人沮丧，但随着战事缓和，工作逐渐追上了进度。“在停战前器材商们几乎无法完成任何工作。”爱丁顿写道。在 11 月战争结束的时候，他们仅剩 3 个月的时间准备。就在队伍离开英格兰之前，一位按计划本属于巴西科考小队但无法参加科考的天文学家科尔蒂神父建议，除了现有仪器，最好再带上一个小的 4 英寸口径望远镜作为后备，以防其他设备出现问题。爱丁顿已经打包了太多东西，但科尔蒂却非常坚持。最终这个小望远镜被放到运往

[1] 1975 年圣多美和普林西比民主共和国成立，该岛为该国的一部分。——编者注

巴西的行李中。

1919 年 2 月，在安全打包好望远镜、板条箱、帆布、镜子、香烟、两个节拍器、足量茶叶以及其他必需品后，4 位科考队队员齐聚利物浦港。在那里他们找到了正在待命的船——“安塞尔姆号”。海上来自德国 U 型潜艇的危险不久前才被排除，“安塞尔姆号”将顺利护送科考队穿过大洋。1919 年 3 月 8 日，他们起航离开英国。

在摩洛哥以西一个叫马德拉的葡萄牙属小岛上，科考队一分为二。巴西小队继续乘船前行，属于普林西比小队的两人则留在岛上，同时爱丁顿开始寻找可以带着他们完成下一段航程的船。这花了几乎一个月的时间。其间科廷厄姆感到非常无聊，而爱丁顿虽然遗憾地不能再骑行，却可以把时间用来攀爬当地的山，并光顾了马德拉的赌场。在写给母亲的信中，他提到去赌场并不是为了赌博，而是因为听闻那里的茶非常好喝。如果爱丁顿尝试一下赌博的话，他在数学上的敏锐天赋或许会给科考队带来一笔不小的收入。

终于，在 4 月初的时候，他们找到了船，得以继续前往那个位于热带的小岛。世界正慢慢从战争的创伤中恢复。离开港口时，他们驶过一些只有扭曲的金属桅杆还歪倒着露出水面的沉船。在公海上，乘客们并不会被告知自己所在的具体位置，因为尽管处于停战期，战争双方还没有签下任何和平协定，名义上战争仍然在继续。

戴森并不能完全理解爱因斯坦的新想法，但有充足的关于球面几何的知识以绘制海图。在格林尼治的办公室里，他为爱丁顿和科廷厄姆定下了大概的海上航道。这也展示了几何学家的研究成果。如果地球可以被展开成一个平面的话，连接马德拉和普林西比的直线当然是一条短得多的路线。但这显然是不可能的，科考队只能选择沿着地球的弯曲表面上那条更长的路径前进。

爱丁顿当然也了解这一点。只是地球本身太大，而他在船上的位置又太贴近地球表面，从他的位置看去地平线似乎永远平铺在前方，只是偶尔随着波浪上下略有起伏。在燃料燃烧的气味中，引擎推着他们一直向前。这样单调的日子似乎没有尽头，直到——爱丁顿在日记里写道——“4月23日上午，普林西比第一次出现在我们的视野中”。

这个岛在海上突兀而起，岛中部的群山大概有半英里高，厚重的云雾像被拖住一样环绕在山周围。岛上到处都是茂密的森林。有些地方，狂野的海浪拍打着高达500英尺的峭壁。也有一些地方是海水侵蚀火山岩形成的小海湾。他们就在其中的一个小海湾登陆。

普林西比的气温大概在80华氏度[1]左右。与赤道附近其他热带地区相比，岛上没有大家预期的那么热。但由于科考队恰好是在雨季末抵达，岛上的湿度相当大，猛烈的暴风雨仍是家常便饭。暴雨间歇时，小岛被密集如云的蚊群覆满。虽然会很热，但爱丁顿和科廷厄姆为了防止因被叮咬而分神，只能把自己裹得很严实。他们每天都服用奎宁，雇用了一些岛民建起勉强可以遮雨的棚屋，还要不时驱逐猴子——有时甚至要动用来福枪驱逐。当地的一个种植园主曾招待过他们，其间不经意地倒出满满一大碗糖。当时的场景让人有种辛酸的感觉——因为战时的配给制度，爱丁顿他们5年来几乎都没怎么见到过糖。这个场景以一种颇为感伤的方式提醒了他们自己是航行了多远的距离才来到这个岛的。

他们在抵达后3周多就要准备观测日食了。雨季最糟糕的时候在前几天刚刚过去。为了确保能避开云层，他们尽可能远离中部群山，并最终把观测点定在位于西北角的高原上。在那里，几百英尺的陡峭悬崖下，正是汹涌的大西洋。由于森林过于茂密，最后一千米的路程中骡子已经派不上用场，他们只能靠当地的挑夫来搬运仪器。他们最终找到了一块空地，在5月29日按计划就位。

[1] 约合27摄氏度。——编者注

爱丁顿在他的日记中记录了日食一开始的情况。他平静地回忆了当天早晨的天气状况。“（从）上午10点到11点半，下了一场很大的雷雨——这在往年这个时间是很少见的。”太阳随后出现了几分钟，但云很快又聚集起来。时间一点点流逝，他们只是偶尔能看到太阳一眼，这使他们越发焦虑。下午2点的时候，太阳前还罩着一层薄云。

日全食持续的时间不会超过5分钟，而它将在下午2点13分后的第5秒准时开始。爱丁顿当时一定非常希望那些碍事的云赶快散开。如果爱因斯坦是正确的，太阳在彼时已经扭曲了头顶上的空间，正如那个在绷紧的蹦床上的石块造成了凹陷。来自遥远的毕星团的星光，则会沿着这样弯曲的空间发生弯折。那些星光经过上万亿英里才到达这里。但如果它们被爱丁顿的望远镜上方仅仅几百英尺的云层挡住的话，他将什么也无法证明。

科廷厄姆已经把极为重要的节拍器设定好，并在日全食开始前58秒、22秒和12秒时提醒了爱丁顿。当最后的新月状太阳消失时，他们所处空地前的森林忽然陷入一种近乎彻底的黑暗中，科廷厄姆喊出了那个词——“开始！”爱丁顿之前一直手持第一块照相底片，此刻他正迅速地、尽可能轻柔地——以防产生震动影响成像——把它插入到望远镜中。科廷厄姆在继续计时，并在每十下或二十下的时候报数，让爱丁顿知道何时取出照相底片以保证底片的曝光时间恰到好处。

那是令人极度紧张的5分钟。结束的时候，队员们陷入一种阴郁的情绪中。爱丁顿回忆道：“我们只能坚定地执行拍摄计划。”因为需要不停更换照相底片，他几乎没有抬头看日食。在中间的时候，他瞟了一眼太阳，以估计云层的遮挡。他们最终拍了16张照片。但由于一直有云层干扰，他们不确定其中的任何一张能派上用场。每个人都很失望。更让人郁闷的是，仅仅在日食后几分钟，天空中一点儿云都没有了。

之后，他们开始紧张地解析照片。他们每晚可以冲洗两张底片，并工作了6个晚上。白天的时候，他们尝试测量他们一直在寻找的恒星偏移。由于云的干扰，这些结果未必可靠。这意味着，爱丁顿无法确定他们记录的结果是否验证了爱因斯坦的预言。

爱丁顿能给出的结论就像在那封他留在普林西比的、准备发给戴森的电报上写的一样："穿过云层。有望。爱丁顿。"在他对偏移量作出细致测量——那些位移在底片上只有一毫米的几分之一，比人头发丝的直径稍大——之前，他们不得不离开普林西比岛。一位种植园主告诉他们将会有一场船员大罢工。爱丁顿决定乘第一批船离开，否则队员们可能会被困在岛上长达数月。长途的海上航行可能会破坏冲洗过的底片，但他们真的离开剑桥太久了。

如果爱丁顿返回英国后会为自己的研究结果感到郁闷的话，那么或许可以让他聊以自慰的是，他的小队并不是唯一在观测时受挫的。巴西科考小队之后也返回了——一台巨大的望远镜让他们遭受了更大的打击。巴西观测点那边的天空非常晴朗，环境也比山路崎岖的普林西比岛要好得多。他们用汽车来拖运器材，而这显然是汽车第一次出现在巴西的那个地区。他们顺利地把设备整齐地架设在索布拉尔赛马俱乐部平坦的赛道上。那里有稍凉但不是很冷的水供他们冲洗测试用的底片。在5月29日之前，有很多兴致勃勃的当地人排队买票来参观望远镜。

然而，过于晴朗的天空却给任务埋下了祸根。当地与赤道仅有4度的纬度差，高温破坏了他们最重要的设备。小队的记录本上，他们拍摄后当夜冲洗底片时的潦草记录充满了对观测可能失败的不祥预感："凌晨3点。……焦距发生了严重的改变。这种情况下，虽然星星可成像，但清晰度非常低。"他们意识到，是强烈的太阳光的加热导致望远镜的镜面产生了不均匀的膨胀。

巴西小队的主望远镜一无所获。但科尔蒂神父似乎有未卜先知的能力——他曾坚持要大家多带一个4英寸望远镜。几乎全是出于职业的责任感，巴西小队的队员在这个小望远镜的理想焦点上也放置了几块富余的照相底片，然而这却得到了整个科考队最好的观测照片——胜过架设在赛马场上的笨重望远镜拍摄的照片，也好过爱丁顿千辛万苦运到高耸于大西洋之上的普林西比岛原始峭壁上的、同样的巨大望远镜拍出的照片。

当爱丁顿和他的助手们在剑桥分析照片时，他们独立工作，以确保他们各自的处理不会相互干扰。有两张照片没有他想象的那么糟糕，因而也被纳入分析之中。与此同时，他们获知爱因斯坦在1915年的计算中曾估计过光线的偏折，而这个数字非常小。把小拇指举到一臂之远，它的宽度大概相当于1度。天文学家将1度分为60分，再将1分划为60秒。爱因斯坦预言，星光在经过太阳附近时，与它穿过一个没有太阳影响的平坦空间相比，仅会被弯曲1.7秒（记为1.70″）。这个尺度小于你在手指上能看到的最轻微的刮伤。这样的测量非常困难。爱丁顿他们会证实爱因斯坦的预言，还是会彻底否定他大胆的全新理论？

戴森和爱丁顿很善于营造富有戏剧性的氛围，他们决定在能够聚集一大批不凡的听众之前先不公布观测结果。这导致那些早有耳闻的科学家们热切地想知道到底发生了什么。在柏林的爱因斯坦——虽然他后来假装自始至终都知道自己将会被证明是正确的——在写给一位在荷兰的物理学家朋友的信中问道："你在那里有没有碰巧听说过一点儿关于英国那次日食观测的事情？"

1919年11月，日食过去已有6个月的时间，爱丁顿认为时机成熟了。在位于伦敦皮卡迪利的富丽堂皇的伯林顿宫里，英国皇家学会和英国皇家天文学会联合举办了一场盛大的会议，当场公布观测结果。根据他们公布的结果，世界将会见证，是已统领科学界超过两个世纪的牛顿的理论被推翻，还是那位瑞士籍的德国理论物理学家爱因斯坦的新奇预言被否定。牛顿曾经是英国皇家学会的会长，而他的工作这时仍有深远的影响力。这些都让这场大会充满戏剧性。

一如往常，下午茶在4点开始提供。按典型的英国风格，来宾都得假装对接下来要发生的事情并没有什么特别的兴趣。4点半左右，重头戏正式开始。戴森大步走向讲台。大哲学家阿尔弗雷德·诺思·怀特海当时也在场，他回忆道："整个会场的紧张气氛就像希腊戏剧里的一样。……会议也颇具戏剧的特色，传统的仪式和背景上的牛顿画像都在提醒大家，最伟大的科学定律，在两个多世纪后的今天，将第一次得到修正。这些都与个人名利无关；这是一场思想上的伟大探险，并最终到达胜利的彼岸。"

戴森发言完毕后，巴西科考小队的队长发言，最后爱丁顿宣告观测结果。这一刻凝聚了很多人超过一年的辛苦工作，而爱因斯坦的努力是否成功也取决于此。

如果爱因斯坦在现场的话，他一定不会失望的。爱丁顿宣布，理论预测的偏折是1.70″，而两支科考队最终给出了一个非常可靠的结论：观测到的偏折为1.60″，误差范围在0.15″以内。戴森简单地概括道："在仔细研究照片之后，我确信它们毫无疑问地证明了爱因斯坦的预言。"爱因斯坦的预言正是光在经过太阳附近时会发生弯曲。这些最新的科学证据证实了爱因斯坦提出的全新的空间几何图景，即拥有足够大质量的物体引起的空间弯曲是可以被探测的。

听众中一个对此并不信服的人指着牛顿的画像说道："面对这位伟人，我们应该在修改或修饰他的万有引力定律时万分小心。"然而没有人理会他。当时的会议主席，曾因发现电子而获得诺贝尔奖的年迈的约瑟夫·汤姆孙站起来作结束发言，并用自己的话来支持爱因斯坦。"这是自牛顿时代以来，在引力理论方面取得的最为重要的成果，"他向人群这样说道，"这是……人类思想最伟大的成就之一。"

在当时，这个取得了"最伟大的成就"的思想家尚不为大众所知，但科学界对他的引力理论给予了最大的官方支持。不久之后，爱因斯坦这个名字就传遍了天下。

插曲 2
翌与逝

十多年之后的剑桥，爱丁顿坐在三一学院教员办公室的壁炉前烤着火。他旁边是剑桥最大的物理学实验室的主任卢瑟福，以及其他几位客人。大家聊起关于声望的话题。一位客人问为什么早些年爱因斯坦倍受公众的称赞，而获得诺贝尔奖的卢瑟福却几乎不为普通人所知。毕竟正是由于卢瑟福的出众工作，人们才搞清楚了原子的内部结构。

“这个嘛，应该是你的错，爱丁顿。”卢瑟福戏谑道。大家一时没有明白他的意思。在场的人——其中包括一位很有才华的年轻印度学者，他会在后面的故事中出现——都知道爱丁顿在 1919 年 11 月于皇家学会发表的那场富有戏剧性的演说对爱因斯坦的名望有一定的作用，但影响力为何如此之大？

人们都静陷在椅子里，卢瑟福若有所思，又说了起来。爱丁顿公布结果的时候，战争刚刚结束，卢瑟福回忆道。天文学总是容易引发公众的想象力。彼时人们忽然听说，一个德国科学家在天文学上的预言被英国派往巴西和中非的科考队证实了，而科考行动在战时就开始准备了。所以和谐是可能的，真正的和平也是可能的。这个发现“引起了强烈的共鸣”，卢瑟福总结道，“随后宣传犹如台风般越过了大西洋”。

“台风”一词确实丝毫不为过，因为，至少在那个时代，爱因斯坦在皇家学会会议之后的那些经历是前所未有的，甚至是难以想象的。

和今天一样，一切都始于媒体。《泰晤士报》对那次会议的报道保持了一定的节制态度，但大洋对面的那些媒体就不是这样了。《纽约时报》有很多优秀的记者，但匆忙被派往伦敦报道伯林顿宫的会议的亨利·克劳奇是一名主要负责高尔夫球报道的记者。他本以为自己会在英国的圣安德鲁斯球场或者其他令人惬意的球场上打发掉自己的时间。克劳奇大可承认自己对四维时空的数学一无所知。然而他意识到，确实有一件卓越非凡的事情发生了。这种职业上的热诚迅速影响了《纽约时报》的那些头条作者们。于是，在会议结束后的第6天，《纽约时报》上出现了这样的标题：

满天弯曲的光线

科学界为日食观测结果所震撼

爱因斯坦理论的胜利

星星既不在它们看起来所在的位置上也不在以前计算给出的位置上，

但无人需要担心

十二智者之书

全世界没有更多的人可以理解，

爱因斯坦这样告诉那些接收他稿件的大胆的出版者们

让人目瞪口呆的标题其实错得离谱。星星的位置当然被爱因斯坦准确地预测到了——这正是整个科考行动的意义所在。克劳奇从未采访过爱因斯坦，那个爱因斯坦声称只有12个人懂得相对论的引述完全是他编造的。

不过这些并不重要。正如卢瑟福洞察到的，人们真正在意的，是爱丁顿的科考行动证明了国际社会存在真正的和谐。战后的探险、医务合作方面有许多类似的例子。不过只有爱因斯坦一个人得以在美国乘敞篷车从成千上万的欢迎者面前经过，在布拉格和维也纳看到巨大的演讲厅在他出现前好几个小时就被人填满的场景，在电影的首映式中被围得水泄不通。他在柏林的家中时则不停地收到信件，从开始的几百封，到之后的上千封。信件数量如此之多，以致爱因斯坦曾做过一个梦，梦中他不能呼吸，因为“邮递员对他怒吼着砸过来几大捆信件”。

与那些自命不凡却最终把世界引向战争的所谓上流人士相比，爱因斯坦身上那种不拘礼节的气质也让人欣赏。记者们津津乐道一个故事。某次爱因斯坦应邀前往维也纳大学作一场盛大的报告，官员们一直在火车站里面头等车厢旁等待着。然而不久后，他们在远处的站台看到一个人影。这个人与劳厄在 1907 年前往专利局拜访的那个人很相似，从三等车厢走下来，一手拎着小提琴盒，一手拿着石楠木烟斗和行李箱，独自一人乐悠悠地走过来。

但他成名的背后有更深层的原因。某种程度上，仰望星空和寻找神迹有共通之处。人类一直希望可以理解上帝之道——寻找混沌的源头并揭示我们想要相信隐藏在混沌背后的意义。而这些，正如世人坚信的，就是这位安静的、睿智的瑞士籍德国物理学家所发现的。

更为重要的是，爱因斯坦的声名与世界经历的战争创伤有关。数百万人死于那次大战，无数的家庭失去了父亲、儿子、丈夫。世界弥漫着一种对寻回故人的近乎绝望的渴求。降神会一度非常流行——尽管屡次被揭穿只是被骗子们操纵的。至亲们彻底地消逝，哪怕是一丝耳语都不复存在，这样的事实让人痛苦。彼时第一代收音机开始走进普通家庭。这些被通常安装在厨房或者起居室，由电力驱动的设备让人可以听到来自远方却无迹可寻的声音。相比早些年，也许是这些让人对逝者有了更深的怀念。谁能确定在尘世之外游荡着，等候着什么看不见的存在呢?

这似乎也是人们从爱因斯坦的理论中看到的一种希望，因为他展示了某种形式的时光穿梭的可能性。在爱因斯坦之前，所有人都理所当然地认为我们生活在一个三维空间中，而那个独立的，相对其他三个维度以某个合适的“角度”存在的第四个维度是时间，它以一个恒定的速率单向地驱动着我们的生活。爱因斯坦改变了这一看法。正如他预言了笔直前行的星光会在接近太阳时弯曲，同样的推理也暗示时间亦会在足够强大的重力场中“弯曲”。通常情况下，这种效应因过于微弱而不会被察觉，因为在我们身处的地球，几乎均匀分布的重力的作用本身就很微弱，再者地球运动的速度也远远低于光速。爱因斯坦现在揭示了时间的真相，并且，随着爱丁顿科考行动的成功，所有人都认识到爱因斯坦理论的正确性。在某些情形中，我们中的一些人可以比其他人更快地在时间线上前行——加速进入未来。

爱因斯坦的发现会引发一些很奇怪的推断。想象一位被宇宙海盗绑架而在星系间高速穿行的探险家被成功营救后的情形。从探险家的角度来说，时间流逝的速度要比营救队员们感受到的慢很多；反过来，从营救队员们的角度来说，他们的时间流逝速度则要比探险家的快很多。当然，如果队员们能非常迅速地解救探险家，这种时间上的差异并不会产生什么影响。但假设在海盗的逼迫下，探险家被营救前已经在星系间兜了很多圈子，由于探险家一直处于高速运动状态，对他而言他可能只是被劫持了几天的时间，但营救队员们见到他时却已老了几十岁。更夸张的是，如果探险家的速度足够快，他可能在获救的时候感觉只过了一周，而原营救队的队员们都早已过世，迎接他的将会是队员们的后代。

这个极为诡异的现象并不仅仅是种未被证明的假设或者想象。爱因斯坦向我们展示了，相对论的效应不仅反映在那些测量仪器上，还会影响现实。对一个星际旅行者而言，从发射到返航可能只有不过两三年的时间，他依然还是出发时候的那个年轻人，但地球上已经过去了上千年，所有他认识的人——甚至那个他离开的文明本身早已在时间的流逝中灰飞烟灭。

我们可以设想一下在地球正常的速度和重力环境下这些相对论效应被放大到我们可以察觉到的程度的效果。在某人看来自己仅仅花了一分钟驾车赶往考场，而早已在那儿等着他的朋友却觉得他花了半小时才开过来。

也正是这些效应，让知名科学家、犹太复国领袖魏茨曼曾给出过这样奇怪的评论："爱因斯坦花了好几周向我解释他的相对论，最后我确信他是理解这个理论的。"但爱丁顿的发现表明，不管怎样地古怪离奇，相对论是正确的。星光在太阳那里改变了轨迹，并不仅仅是因为空间被弯曲了。时间的流逝速度在不同的地方也不尽相同。（这一点很难想象。不过我们可以假想那些星光由一排并行的光线组成，就像一排短跑运动员一样。在同一段赛道上，外侧的光要花更多的时间才能走完，就像运动员转弯时一样，因此整排的光线开始转向。）

爱因斯坦的洞见最终会给我们带来什么呢？在适当的技术的支持下，我们或许真的可以实现向未来的穿越。这种可能固然令人印象深刻。但在大战之后，对大多数人而言，若是可以得到向相反方向——已逝去的过往穿行的机会，无论要付出什么代价，都是值得的。若终是无法唤回逝者那就回到过去，在子弹和炮火带走自己所爱的之人前得到更多时间，哪怕是须臾片刻。

虽然现代的一些关于相对论的研究表明回到过去或许也是可能的，但在爱丁顿科考之后的那个时代，没有物理学家知道，甚至爱因斯坦本人也不知道如何回到过去。但当时已知的是，他的理论暗含着另外一个让人稍许释怀的结果——并非回到过去的能力，也不是接受所爱之人永远逝去的方法。

在爱因斯坦之前，人们理所当然地认为，某两件事情如果对某一个人而言是同时发生的，那么在任何其他人看来也必然是同时发生的。然而爱因斯坦的研究表明并非如此。虽然第一次世界大战在我们感知的时间线上已结束多年，但是在远离我们这个星系的某处，那些战场上的万千生命的死亡都尚未发生。

这并不是科学仪器观测上的效应，也不是什么神秘的幻象，正如威廉·布莱克的诗句“吾见彼时，此刻，他日，共此一瞬/尽呈于前”。如果我们处于上文提到的那个遥远的地方，在那个时间线下，我们会生活在一个当下已经过世的朋友或者丈夫还在身边的时间里。然而背后的问题在于，那需要难以想象的速度和相应的加速度，而根据爱因斯坦的方程，人类永远无法达到那样的速度，也就不可能接触到那些逝去的人。

虽然这样的“现实”仅有理论上的意义，但这种知识已经足够给很多人带来安慰——其中也包括爱因斯坦本人。多年之后，当他的好友贝索离世时，已近76岁的爱因斯坦正被心脏和其他身体方面的问题所困扰，他明白自己的那一天也同样快要到了。他写给贝索家人的信体现了他对时间的深刻理解：“如今他比我先走了一步，离开了这个奇怪的世界。但这并不代表什么。因为对于我们这些相信物理学的人来说，过去、现在、未来之间的差别只是一种幻觉，不管这种幻觉有多持久。”

相对论对大众的吸引力越来越大，但同时，可能正因为如此，大众对爱因斯坦的理论工作存在很多误读。在爱丁顿公布结果之后，随即而至的是大量关于这位伟人工作的书籍、讲座和广播节目，其中存在众多曲解的信息。但至少爱因斯坦的成就也由此广为人知。

从未有科学家被如此拥戴过，虽然所有人——包括卢瑟福和爱因斯坦本人都不知道为什么会是这样。但不管出于什么原因，几乎是一夜之间，无数人都对爱因斯坦产生了这样的印象：这个人看到了人类从未想象过的事物，他仿佛曾经前往天堂，而他带回来的，即便不是救赎，也至少是对可能存在的深层现实的一瞥。

11

根基的裂痕

爱因斯坦应该非常快乐。在爱丁顿 1919 年证实广义相对论之后，爱因斯坦享誉全球，并因对理论物理学的贡献被授予 1921 年诺贝尔奖。电影明星和王室成员都想接近他，他走到哪里都被前呼后拥。但在这些簇拥和声望之中，爱因斯坦开始被自己理论的一个推论困扰，由此而生的焦虑感和他在个人生活中与日俱增的压力一起发酵。

与米列娃离婚（最终在 1919 年获得批准）给了他自由，但也导致他和自己深爱的两个儿子就此疏远。他尝试把生活中的点滴写成长信寄给他们，却只得到冷淡的回应。当他让儿子们来到柏林与自己见面时，他特意买了一架望远镜，放在家里的阳台上给儿子们用，但这并没收到什么效果。后来在瑞士时，爱因斯坦带着儿子们进行他们曾经都很喜欢的那种徒步旅行，但两个儿子却对他很生疏，客套如路人。一次在怒火中烧时，他从柏林写信给长子汉斯，斥责他们的冷淡。然而汉斯却回以同样的怒火——父亲抛弃了他们，凭什么会期待从他们这里收到善意？汉斯后来回忆，那时的感觉就像是生活覆上了一层“阴暗的纱”。

爱因斯坦把怒火都倾泻到米列娃身上，认为是她在故意挑拨他们父子之间的关系。但他应该知道自己需要为某些事情负一定责任。与埃尔莎一起的生活并不如他曾期待的那般顺利。他本想完全按自己认可的方式和她保持联系，就像他在 1915

年写给贝索的信中说的，那是“（一段）美好而真正让人享受的关系……；而不结婚恰好保证了它的稳定性”。埃尔莎却有自己的想法。1919年6月——爱丁顿还在普林西比那个热带岛屿上时——他们结婚了。随即，事情就开始产生变化。米列娃曾因不能参与爱因斯坦科学上的讨论而颇为幽怨，但毕竟对他的工作大体上都是理解的。埃尔莎并没有太多的科学素养，这在爱因斯坦因为与米列娃分手而心绪不宁时不算什么问题。但现在爱因斯坦觉得，尽管埃尔莎有着天生热情洋溢的性格，可她在思想上让人颇感失望。“她在思想上没有什么闪光之处。”他后来曾这样评价。

在两人恋爱的时候，埃尔莎与爱因斯坦一样，都认同无拘无束的生活所带来的乐趣，也享受着他对柏林那些所谓名流贵胄们的嘲弄。然而，埃尔莎的七居室公寓所在的大厦有着富丽堂皇的大厅和身穿制服的门童，搬进这所公寓之后，爱因斯坦感觉自己被困在她的波斯地毯、厚实家具和精美瓷器的展示柜之中了。在她的朋友中，爱因斯坦只看到几个有想法的人，其余大部分都是喋喋不休的社交名人。最糟糕的是，她开始对爱因斯坦指指点点——“我记得，”她的女儿曾写道，“我母亲经常在吃午饭的时候说：‘阿尔伯特，吃饭，别做梦了！’”——这些都与浪漫没有丝毫关系。

很快，爱因斯坦就有了外遇。根据一位熟识他的建筑师[1]回忆，仅仅是他的出现，“对女性的吸引力就像磁铁吸附金属碎屑一样”。她们与埃尔莎相比，有些更年轻，有些更富有，还有些两者皆具。在她们眼中，他是这个星球上最出名的人之一，不同于人们心中淡漠无趣的知识分子的形象。彼时的爱因斯坦有着良好的身材和宽宽的肩膀（正如那些见过他脱下衬衫的朋友们曾注意到的）；他喜欢讲讽刺的犹太式笑话，并保持着一种直爽的、施瓦本[2]式的用语习惯。很多女明星，包括

[1] 这位建筑师是爱因斯坦家亲密的朋友康拉德·瓦克斯曼，他是爱因斯坦家的乡间别墅的设计者。——原注

[2] 德国历史地区。——编者注

爱因斯坦和德国女演员赖纳，20 世纪 30 年代中期

著名的路易丝·赖纳，很快就想和他约会。他曾和一个有钱的寡妇在她柏林的别墅中度过许多良宵，也曾与一个时尚的女企业家坐着她配备司机的豪华轿车共赴音乐会或戏院。

与这些女性相比，埃尔莎总是在唠叨，她因困惑而生的失望感也与日俱增，这种反差对每个人而言都是一种痛苦。爱因斯坦喜欢帆船运动。他一有时间就会去离柏林不远的一个临湖的乡间别墅，那里放着他的帆船“鼠海豚号”。通常他会独自驾着船航行几个小时，心不在焉地调整舵柄，任由微风拂起的波浪带着他四处漂游。他的管家记得一位在埃尔莎不在的时候频繁造访的客人。“那个奥地利女人比教授太太要年轻，”女佣回忆道，“她很迷人，也很活跃。和教授一样，她经常大笑。”有一次，让人印象深刻的是，埃尔莎在船上发现了另一个女人的“衣物”，他们吵了一架，之后则陷入了持续几周的冷战。男人和女人不应当是一夫一妻制的设定，他坚持认为。埃尔莎曾私下向几位密友抱怨，和一个天才在一起生活并不容易——一点儿都不容易。

这不是他们俩想要的婚姻。在贝索去世后，爱因斯坦写信宽慰贝索的已成年的孩子。在信中爱因斯坦曾这样总结过："最让我羡慕的是，他和妻子可以安宁地在一起生活多年，并且一直那么和谐——在这件事情上我两次都惭愧地以失败告终。"

如果这是唯一让爱因斯坦遭受挫败的事情，他或许还可以忍受。但他正面临一个更严峻的问题。甚至早在1917年，在本应是他事业巅峰的时期，爱因斯坦就在G=T这个伟大的方程中发现了一个看上去非常严重的缺陷。在20世纪20年代，他一直被这个问题折磨。

1915年12月，刚发现引力方程的爱因斯坦欣喜若狂，但同时也精疲力竭。因而在1916年，他转而研究其他问题，直到当年年末才有精力继续相对论的工作。

之前他的工作主要是把相对论的思想应用在某些特定的天体上，比如研究水星的轨道以及星光在太阳周围的轨迹变化。现在他决定，"（我）希望考虑更大范围内的物质宇宙"。这意味着他需要在宇宙的整体框架下考虑相对论的效应。

也正是这个时候，爱因斯坦发现了一个看上去几乎是灾难性的漏洞。那个时代的科学家普遍相信，宇宙是静态的，稳定而没有变化，充满相隔甚远的恒星，虽然其中的一些会有小范围的移动，但它们作为一个整体，从来都不会发生任何改变。而现在G=T的关系却给出完全不同的物理学图景。根据爱因斯坦的方程，如果空间中的"事物"相隔足够远，它们初始的一些随机运动会导致彼此之间的距离越来越远。但更糟糕的是，他的方程还会导出另一种可能的结果：当空间中的"事物"

靠得足够近而自发地聚拢时，由此产生的空间弯曲会让更多的物体滑向它们，从而引发一场失控的塌缩。

要理解这种效应，可以想象某个庞大的物体掉落在太平洋中，它制造出一个巨大的漩涡。而海水、岛屿甚至陆地——地球上所有的事物都被吸入其中。如果放大到宇宙这样的尺度，那会是一个如苍穹般宽广的“深谷”，让万物都跌入其中。而吸收的这些质量和能量的密度会导致周围空间过于强烈地扭曲，最终引发这个深谷自身的塌缩。

爱因斯坦虽然不是天文学家，但也了解一些基本的知识，这使他很难相信这个自己的理论给出的描述。我们的太阳系由中心的太阳和绕着它运动的行星构成。我们所在的银河系则由无数颗或大或小的相似的星星组成。一直以来，人们都相信这些星星只是在相对固定的位置上徘徊。这种信念亘古未变。正如哲学家伊曼纽尔·康德所形容的那样，我们身处的是一个“孤岛宇宙”，一直以来都稳定而没有变化。这也是古人命名的那些星座——室女座、人马座等等依然在夜空中处于与原来大致相同的位置的原因。但爱因斯坦现在却发现，如果 G=T 这个简洁的关系是正确的，这些所谓的永恒将不存在，一切都应该处于运动之中。

这让爱因斯坦陷入了两难的境地。他深爱自己方程的简洁和清晰。想到宇宙按照这样简单而优美的规则运转，其本身就是件美妙的事情。他的方程精准地预言了太阳系中的物理学现象——星光在经过太阳时会忽然改变方向。然而现在这个方程似乎也预示着在非常巨大的尺度上，宇宙作为一个整体是处于变化之中的——某一天群星会永远分开，或者随着一种塌陷而落到一起。显然任何一个有威望的天文学家都会坚信这是错误的，因为一直以来的观测结果都表明，宇宙是固定的、稳定的，在大小上永远不会变化。这一全世界顶尖天文学家们的共识怎么可能会出错呢？

爱因斯坦觉得必须要放弃什么。如果宇宙的可观测的事实不改变，那么他自己就要作出改变。因为1915年的方程描述了一个变化中的宇宙，所以他必须要修正它以避免得到这样的预言。这种修正要保留相对论在相对小的尺度上得到的结果，比如太阳会在空间中产生足够令邻近光线偏折的凹陷。但在涉及大尺度的效应——那些在整体上塑造宇宙的效应时，广义相对论的结果必须进行修正。由此，在1917年2月，爱因斯坦于柏林普鲁士科学院演讲时曾声明："事实上，我得到的结论是，迄今为止由我给出的引力方程组需要一定的修正，来避免这些基础性的问题出现。"

他需要改变G=T这一美妙的关系，但如何实现呢？

爱因斯坦仔细斟酌了这个问题，并在1917年的一次演讲中给出了他能想到的唯一补救办法。他给原方程添加了一个额外项。这一新的项会抵消掉方程左边——与空间几何结构有关的那一边的某些效应。这一项就是后来人们熟知的宇宙常数。爱因斯坦用希腊字母 Λ 来表示它。相比之前G=T这个优美而对称的关系式，他现在只能采用G-Λ=T这种略失流畅的表达方式。

宇宙常数诞生于一个非常巧妙的想法。我们大概可以这样理解它。G表征了宇宙的空间几何结构，剧烈弯曲的空间必然由一个数值很大的G来描述，这种弯曲会导致群星相互冲撞，就像深谷中坠落的砾石一般。如果抽离一部分的引力，群星就不会碰撞，而是如大部分天文学家认为的那样，在空间中相对静止地飘浮着。这就像爱因斯坦重新设定了山谷的深度，好让那些砾石不会向其中滚落。Λ 项的加入大概起到了这样的作用。

爱因斯坦从一开始就不喜欢这个修正。"那一项，"他在柏林的讲台上宣称，"仅仅是为了让物质满足准静态分布，而这种分布是由星星拥有极小速度这一事实所决定的。"天文学家们向他保证所有观测到的星星都只在非常缓慢地运动，或者绕着另一颗星星作随机运动，而他原来的方程无法得到这种"准静态分布"的结果。只有这个他并不喜欢的修正才能让他的理论符合实际的观测结果。

Λ 项或许可以调和爱因斯坦方程与天文观测的结果，但他觉得这一项“严重破坏了理论在形式上的美感”。对爱因斯坦而言，简洁和优美是深层真理的最好标志。他并不相信任何神祇或自然之力会先依据某个极简的原则来创立宇宙，之后却又毫无道理地添加一个修正。原始的 G=T 这一关系仿佛出自上帝之手，是一个至简至美的存在。这两个符号代表了宇宙的内在：G 体现了空间弯曲的本质，而 T 则表征了事物在空间存在的纯粹性。而这一新添加的、笨拙的 Λ 项，只是为了让重力的作用弱一点儿而加在方程左边的一个未知量——正如我们上文的比喻，让宇宙的“深谷”不再那么陡峭以便星星不会陷入其中。

在爱因斯坦深爱的弦乐四重奏中，每个音符都有自己的位置，每种乐器也扮演着各自的角色。没有人会违背乐谱的自然引导，忽然强行加入一把大号，随意弄出各种噪声。从 G=T 改成 G-Λ=T 正像是破坏了这种和谐。

但天文学家们却显得斩钉截铁。我们的太阳存在于一个名为银河系的星岛上。他们坚称这个岛屿是不会扩张的，周遭只有无尽的黑暗。如果爱因斯坦不曾深信理论必须符合观测结果的话，他或许就不会作出这个修正。但对当时的他而言，事实和直觉有着绝对相同的重要性。如果 1915 年的方程与事实不相符，那么它一定是错误的。

这是他犯的第一个大错。

在之后的几年中，这一错误的影响才开始渐渐清楚起来。但当时，爱因斯坦尝试说服自己原始的方程并不全然是一个失败。只有在考虑非常大尺度上的问题时，Λ 项提供的抵消作用才会体现出来。在太阳系这样的尺度下，它的值可以设得非常小。在这种情况下，按照原本的 G=T 这个简单的关系，我们得到的计算结果仍然足够精确。这也是为什么爱因斯坦当年给出的预言是正确的。

虽然爱丁顿的发现使爱因斯坦感到安慰，但爱因斯坦仍纠结于为什么原本美妙的理论在根本上却是错的。更让他苦恼的一个问题是，宇宙的建构究竟为何会仰赖于这样一个额外项。

尽管心存疑惑，但他还是开始为 G-Λ=T 这个笨拙的方程辩护。对于那个近乎完美而无比简约的 G=T，他渐渐接受这惊鸿一瞥大概并不是宇宙运作的原理。他并不喜欢这个改变，但开始习惯于此了。

爱丁顿在 1919 年的发现让爱因斯坦以一个近乎完美的形象赢得了巨大的声望，但爱因斯坦生活的真相却大为不同。世人认为爱因斯坦是一个善良而谦逊的人，与他相处可以无拘无束。然而他的第二次婚姻与他所期望的相距甚远，并且他深爱的孩子们也在悄然疏远他。

世人也认为爱因斯坦拥有非凡的洞察力，甚至是以上帝般的智慧得到了那些方程。但因为那个额外引入的 Λ 项，爱因斯坦知道这是个谎言——也许他还没有触碰到真理的本质，又或者宇宙本身就缺乏他深信存在的那种简洁。

IV

渐觉

爱因斯坦在他最爱的帆船上，20 世纪 20 年代，德国

12

争执渐起

爱因斯坦并不是唯一对引力方程引入 Λ 项的必要性有所怀疑的人。一个叫做亚历山大·弗里德曼的俄国数学家也起了怀疑。

作为一个一战的老兵，弗里德曼是个忧伤的人。他留着下垂的小胡子，戴着圆框眼镜，有着好像知道事情会出错一样的表情——他的外表与他抑郁的性格十分相称。1914 年年末，就在一战爆发后不久，弗里德曼在给他最尊敬的教授，圣彼得堡大学的弗拉基米尔·斯捷克洛夫的信中说："我的生活一直相当平静。只是偶尔会遇到奥地利的炸弹在离我半英尺不到的地方爆炸，或者摔个鼻青脸肿这样的事。不过谁都会习惯这些的。"大概受某种莫名的乐观主义的驱使，弗里德曼决意要受训成为一名飞行员。他解释说此举是因为自己被说服"那不再是危险的"。斯捷克洛夫回信说这简直是个糟糕透顶的想法。

现存的通信记录不太完整。弗里德曼之后感谢了斯捷克洛夫教授的妻子送给他保暖的衣服。在冬天冰寒的空中执行飞行任务时，他发现那些衣服相当有帮助。他没有回应斯捷克洛夫的忠告，但感谢教授发给他一些有趣的微分方程。他同时为自己匆忙发回的解缺乏严谨而致歉，并解释说在当时的处境下无法进行仔细的研究。他同时还向斯捷克洛夫描述了为了寻找最佳投弹点而作的计算。这种计算让他们在轰炸奥地利设在普热梅希尔的巨大堡垒时的精度足以令守卫堡垒的奥德联军震

弗里德曼，20世纪20年代初期。“请允许我向您展示一下我所作的计算……”他写信给爱因斯坦，却不知道事情会如何发展

惊并深感不安。

弗里德曼还提到自己被派去参加与德国空军的缠斗，只是“敌军都训练有素且装备精良”，而“己方则两者皆无”。曾有一次，一架装备新式速射机枪的德国战机对着弗里德曼猛烈开火。而弗里德曼战机上全部的武器装备就是一杆老式的卡宾枪，并且它需要被抬起来举到离自己一臂之远的地方。卡宾枪虽然响声震天，但每声巨响时只能射出一发子弹。（“……我们两机之间的距离非常小，……那让人产生一种非常恐怖的感觉。”他写道。）在完成任务之后，他因英勇作战被授予了圣乔治十字勋章。

熬过了一战以及之后的俄国的社会巨变，弗里德曼终于在 1920 年前后接触到了爱因斯坦的论文。彼时，弗里德曼在铁道工程研究所教书，并在地球物理观测站兼职。他所在的城市是曾经的圣彼得堡，而那时改名为彼得格勒。很快，他就确信自己发现了相对论文章中的一个错误。但是，身处当时荒凉的俄国，他如何让那位伟大的德国教授相信自己的发现呢？

1917 年的时候，爱因斯坦觉察到基于 G=T 的关系会推算出宇宙的尺度是处于变化中的，因而添加了 Λ 项。而在 1922 年，弗里德曼发现，爱因斯坦原来的方程——基于 G=T 而未添加任何额外项的关系包含了数以千计甚至数以百万计的让人入迷的宇宙图景。

于是他开始了研究。

从爱因斯坦原始的 G=T 关系中，弗里德曼发现了空间以及其中的“事物”随时间变换的一系列惊人的可能。他指出，在某些情形下宇宙会持续稳定地扩大，仿佛一个不断膨胀的球。而在另外一些情形下——这些都包含在爱因斯坦原始方程的数学结构中——宇宙只能膨胀到某个有限的尺寸，并且随后开始塌缩，好像其中的物质都从某个漏气的阀门跑掉了，而人类或者宇宙其他智慧生物创造的一切都会因此而消失。

但还存在其他的可能——宇宙的塌缩并不是终点。相反地，在塌缩到某一个点之后，它会开始重新膨胀。虽然之前文明世界的所有产物都被彻底毁灭了，原始材料却以新的形式开始循环。弗里德曼作了一个粗略的计算，发现这种“循环”的周期大概是 100 亿年。

死亡与重生的交替并不是第一次出现在人类的想象中。正如弗里德曼写到的，这“让人想到印度神话体系中关于万物循环的阐述”。在那种信念中，宇宙已经经历了多次诞生、毁灭和重生的过程。他同时也提到，自己的这些解可以仅仅被视为一种猜想，毕竟没有任何已知的天文学结果支持它们。

在朋友的帮助下，他把结果总结成了一篇简短的论文。经过组里最好的语言学家的修改——弗里德曼的德语水平大概和爱因斯坦的法语水平差不多，弗里德曼勇敢地把这篇论文投给当时世界上最为知名的物理学期刊——《物理学杂志》。那是 1922 年，杂志很快就接收了这篇文章。他以为爱因斯坦会非常喜欢这篇文章，因为自己证明了 1915 年的公式——抛开那个随意的 Λ 项的简单的 G=T 已经蕴含了非常深刻的结果。而如果如他所愿，爱因斯坦可能最终会放弃那一项。

当年年末，这篇文章成功发表在《物理学杂志》上。在革命后的苏联，这是件非常不容易的事情。让弗里德曼和他的朋友们极为震惊的是，他们收到的是爱因斯坦的反驳。弗里德曼的发现是不可接受的，爱因斯坦这样写道。这倒并不仅仅是出自偏见。爱因斯坦仔细地检查了弗里德曼的计算，并且确实发现了一些瑕疵。“在（弗里德曼的）工作中，他得到的有关非静态宇宙的结果，”爱因斯坦在随后发表的一篇快评中这样说，“在我看来是令人怀疑的。实际上，这些解并不符合（我的）方程。”

弗里德曼心急如焚。这样的评论就像是给他之后的学术生涯宣判了死刑。那位科学巨匠何必如此对自己呢？直接写信给杂志社反驳似乎过于自负。弗里德曼于是和他的朋友们决定采用更委婉的办法——写信给爱因斯坦本人。而这次，同样，因为不太擅长德语，弗里德曼千辛万苦才把信完成。

弗里德曼写给爱因斯坦的信非常礼貌，但表意清晰：“请允许我向您展示一下我所作的计算。……如果您觉得我在信中的计算是正确的，烦请您告知《物理学杂志》的编辑。也许在那种情况下您可以发表一篇更正声明。”

去信如石沉大海——但却不是因为弗里德曼担心的原因。

1922 年，当时的德国外交部部长，犹太人瓦尔特·拉特瑙被刺杀，而全国的保守派却对此幸灾乐祸。爱因斯坦意识到一场针对知名犹太人的迫害正在逼近。当时已经有人成立了一个“德国科学家纯粹科学维护工作组”来专门反对爱因斯坦的观点。那个工作组的成立大会就在柏林的爱乐大厅举行，当时过道各处装饰着万字符，宣扬反犹太人的小册子也在大厅里公然出售。厌恶爱因斯坦的人中，只有很少的一些有学术背景，大部分都相当无知。“科学，我们曾经最大的骄傲，现在却由希伯来人来教授！”房屋油漆工人、失败的艺术生阿道夫·希特勒曾这样抱怨。

为了避风头，爱因斯坦接受了一个长期有效的邀请，乘坐蒸汽船开始了一段长途旅行。弗里德曼的信寄到德国的时候，爱因斯坦已经从马赛港出发前往日本了。爱因斯坦曾在日本写信给儿子，在信中说:“在我见过的所有人中，我最欣赏日本人。……他们谦逊，有智慧，并具有艺术感。”弗里德曼的信并没有被转寄给爱因斯坦。不过，爱因斯坦次年返回柏林后也没有回信。

爱因斯坦之所以没有回信，某种程度上是因为在获得诺贝尔奖之后，他开始收到大量的信——数量之多让当年使他梦到邮递员咆哮的状况都显得平淡无奇。但还有另外一个原因——只有将声望与骄傲结合起来才可以解释的原因。

当爱因斯坦在1917年第一次向 G=T 的方程中添加 Λ 项时，他曾觉得这样做并不正确。造物主不可能先按照最简洁的原则来创造宇宙——仅用两个数学项 G 和 T 就可以解释宇宙架构中的万物，然后再添加一个额外的不确定的量来使创世的规则正常运转，让宇宙以一种相当不同的方式呈现出来。

尽管爱因斯坦有种不好的预感，但他还是修正了自己的方程。而现在，他却被困于其中。他的名声可能会陷入危机，因为所有物理学家都知道了他修正后的方程。他的骄傲也在作祟。当初他的那番决定是在深刻反省后才作出的，现在他无法轻易地坦承自己当初的优柔寡断和错误。[1]

[1] 这一节对相对论思考动机充满宗教意味的描述和对信件事件动机的讨论，更多是作者个人的解读，缺乏必要的科学的准确性，同时作者在一定程度上或许对学术研究过程存在误读。——译者注

这也是为什么他曾迅速浏览弗里德曼的那篇论文并寻找漏洞。一旦他找到了错误——或者他认为自己找到了，他对讨论这个问题便再无兴趣。

然而在1923年5月，弗里德曼的一个同事，尤里·克鲁特科夫，通过爱因斯坦一位曾在俄国教书的同事，设法在荷兰接触到了爱因斯坦本人。克鲁特科夫在面对爱因斯坦时很谦虚，但也很坚持。他在向自己的妹妹回忆之后的故事时无比骄傲：1923年5月7日，周一，他和爱因斯坦一起阅读弗里德曼发表在《物理学杂志》上的论文；随后，在5月18日，“5点的时候，我成功说服了爱因斯坦。彼得格勒的荣耀永存！”

爱因斯坦有足够的气量，他重新阅读了弗里德曼的文章，并承认自己反应过激——弗里德曼确实没有犯任何数学上的错误。他之后写信给杂志，纠正道：“我在之前的文章中批评了（弗里德曼‘关于弯曲空间’的工作）。但是，我的批评……是基于我自己计算中的错误。”

这份声明虽然略显简短，但令人印象深刻。尽管如此，弗里德曼觉得，要让自己的新发现被认真对待，就必须得到爱因斯坦的支持。但如何实现呢？唯一的办法就是给爱因斯坦提供更多的证据。当时还没有任何天文学证据支持他的这些推断，不过或许有其他的方法。

弗里德曼绞尽脑汁，思考如何说服爱因斯坦添加 Λ 项是不必要的。他提出了一个很有想象力的方法，而那位德国同行或许会对这个方法很熟悉。具体而言，他想到了在二维世界居住的生物——那些平面国的生灵。他们无法退后一步直接看清世界的全貌。但通过各种演算，或者在平面国探索，他们会得到需要的信息。

弗里德曼假设平面国中的某一个研究所派出一名旅行者去探明他们所在宇宙的形状。想象中的旅行者就像一张小小的邮票一样。如果他永远沿着一条直线，并按一个方向前进，弗里德曼写道，他将会观察到四周地貌的特征，而它们显然会随着旅途而变化。他会看到各种不同的地貌和城市。他会渐渐地觉察到周围的情景越来越熟悉，并最终发现自己回到了家乡——然而是从与自己出发时的方向完全相反的方向抵达！

弗里德曼写道：“在回到起点的时候，那个旅行者将通过观察发现自己到达的点和当年离开的点完全重合。”这样他就可以证明自己所在的这个球体——或者“宇宙”的大小是有限的。但如果这个旅行者没有发现任何似曾相识的城市，那么他会知道自己所在的世界并没有自我折叠起来。这也将会是他的宇宙并非球体的证据。

类似于平面国或者我们想象中的芬兰滑冰者的情形，弗里德曼提出了在我们自己所处的这个更大的三维宇宙中的一个相似的场景。如果我们可以派出使者丈量宇宙——使用未来先进的探索飞船或者现有的望远镜，我们可以通过适当的观测推断出宇宙的真实形状。这可以帮助我们决定，在弗里德曼发现的隐藏在爱因斯坦的简单的方程里的多种图景当中，哪些真实地描述了我们的世界。我们当然并不可能真的实现弗里德曼假想中的那种远途探索。但如果我们的宇宙是平坦的，那么在大小上近乎太阳系的巨大矩形的四个内角必然都是直角。而如果我们生活在球面上——当然我们无法用自己的肉眼来确认，也无法靠我们有限的智力来想象，那么这个巨大矩形的测量结果将有别于平坦空间的情形。它的内角将会略为伸展而大于90度。随着空间曲率的上升或者下降，这些角度也会相应变化。

弗里德曼深知自己身体虚弱。在20世纪20年代初期的俄国活下来并没有让他的习惯性抑郁有所好转。但他毕竟从轰炸奥地利堡垒的突袭以及和德国战机的空战中存活了下来。他仍然有些精神力量，并坚信自己和爱因斯坦有共同的观点。毕竟这位德国物理学家曾提到，通过小尺度上的局域测量可以推断大尺度空间的状态。如果弗里德曼能穿过欧洲大陆，亲自和这位巨匠见面，他们或许可以一起进行更深入的研究。

于是，在1923年夏天，弗里德曼决心仿照他想象中的那个微型旅行者，独自前往柏林。如果他能和爱因斯坦教授见面，他或许可以让对方相信 1915 年的原始方程是正确的。

对出行而言，相比弗罗因德利希去克里米亚半岛进行天文观测而一战爆发的时候，1923 年似乎并不是太糟糕，但也不是多好的年份。当时的魏玛共和国正处于通货膨胀中。“这里仿佛在举行一场诡异的货币狂欢节。”弗里德曼在给家里的信中写道。在不到一周的时间里，1 美元的价格可以从 100 万马克涨到 400 万马克。当地也面临物资和食物的短缺，尽管没有到苏联的程度。德国的风景也在提醒着弗里德曼他离家的距离。德国整齐的森林让他晕头转向——那些树看起来是沿着直线种植的。现在仍留存着一张弗里德曼当年的照片：一如既往地留着下撇的胡子，带着略为沮丧的表情；特意穿着自己最好的双排扣夹克；头上规矩地戴着一顶有些奇怪的类似贝雷帽的软帽；左胳膊下夹着一大卷散乱的文献；右手略为局促地像拿破仑的经典姿势一般抓着自己的上衣——就像不知道该把手放在哪里；脸上试着挤出笑容。

他实际上成功抵达了柏林，甚至站在了爱因斯坦家所在的那条大街上，只是，“8 月 19 日，旅途并不是很顺利——爱因斯坦……离开柏林度假去了。我不认为自己能够见到他。”两周后他又写信给朋友，提到他仍然希望可以见到爱因斯坦，但可能并没有机会了。不过至少在德国之行快结束时，就在要回苏联之前，他拜访了另一个同样深深体会到命运之无奈的人。1923 年 9 月 13 日，弗里德曼前往波茨坦天文台。在那里，他见到了弗罗因德利希。两人很相投，分享了各自对宇宙构造的看法。“所有人都对我在爱因斯坦那里的坚持以及我最终的胜利印象深刻。我对此非常开心。”

爱因斯坦并没有离开很远，或许只是在柏林郊外的乡间别墅中。但即便弗罗因德利希告诉他弗里德曼就在附近，他或许也不会返回城里。他已经为自己在 1917 年所作的“修正”投入了太多。并且，他现在几乎已经说服了自己。毕竟，造物主——或者说物理学规则——怎么会设定一个如此疯狂背离平衡态的宇宙？因为如果弗里德曼是正确的，爱因斯坦原本的方程确实显示宇宙一直处于膨胀之中，那么宇宙最后将只剩下无边的孤寂，那些燃尽的恒星和毫无生命气息的行星会相互越离越远。那种恐怖简直难以想象——所有人类的奋斗都将归于虚无。又或者，另一种弗里德曼勾画的情形是正确的，爱因斯坦的原方程显示我们的宇宙处于塌缩中，那么，在未来的某个时刻，随着所有的恒星向我们靠近，夜空可能会闪烁着令人惊悚的亮光。这种场景也没有什么说服力。

在写给《物理学杂志》的那份声明的原稿中，爱因斯坦曾写道，虽然弗里德曼的数学计算是正确的，但那些众多的解却“缺乏物理学意义”。爱因斯坦之后重新考量了用语，并将这句话删除了。但他希望弗里德曼是错的。

这种混乱对爱因斯坦来说无比折磨。如果能找到清楚的证据来判断他原本方程预言的弯曲空间是否与弗里德曼宣称的结果相符合，那么那对爱因斯坦而言也算是个一劳永逸的解脱。但那需要测定宇宙中极远处恒星的位置，以确定它们是在加速离开、静止不动还是在靠近我们。测量那么遥远的天体似乎是不可能的。那些恒星虽然是巨大的熔炉，但在地球上看来不过是针尖大小的亮点，丝毫观察不到移动的痕迹。

除非有人可以找到办法确定那些远离地球的恒星所处的真实状态。

插曲 3
空中烛光

在回忆自己决意向未知而行的那一刻时，意大利探险家安东尼奥·皮加费塔在日记中这样写道：

“1519 年，在西班牙无上宁静的国王的宫廷中，……我自愿……用我的双眼去感受汪洋大海中所有壮丽的或丑陋的事物的点滴。”

这个决定让皮加费塔随着斐迪南·麦哲伦的船队于 1519 年出航。他们打算开辟一条前往亚洲香料群岛[1]的前所未有的新航道——向西而行，穿过大西洋，之后设法绕过美洲大陆，进入那个想象中的大洋。如果一切顺利，他们将会环绕地球一圈——那将是人类历史上的首次环球航行。

从某种意义上来说，这次探险是成功的，因为在出发近 3 年后，皮加费塔成功返回了。但出发时的 240 名船员仅仅剩下了 18 名幸存者，这与探险队和它的支持者们一开始定下的要把每个人都带回来的目标差得太远。

至少在起初，航行是很顺利的。麦哲伦的船员们在南美洲海岸看到了各种奇异的事物：在欧洲从未见过的新人种；跃出水面的鱼（“它们‘飞’得比十字弓射出的箭还远”）——掠食者紧紧地跟着它们的影子，就在这些飞鱼落回水里的时候

[1] 马鲁古群岛的旧称。——编者注

捕捉并吃掉它们。“看到这些是一种奇妙而让人愉悦的体验。”皮加费塔记录道。

但之后他们就遭遇了暴风雨——其强度令人难以想象。很久之后，皮加费塔才得以在日记中写下他们渴望已久的情景：“1520 年 11 月 28 日，周三，我们向前驶出了（南美洲最南端的）传说中的海峡，进入了太平洋。”

一开始，因为他们进入了一片广阔的平静水域，前景似乎非常乐观。但这片静水似乎无边无际，四周没有任何陆地的影子——“我们在开阔的海域整整航行了 4,000 里格[1]。”船员们开始挨饿。“我们把已经碎成粉末，布满蛆虫的陈年饼干都吃掉了。”皮加费塔写道，“……我们还吃掉了船帆下的牛皮、木头的锯末，甚至是老鼠。”

通常情况下，海员利用星星来导航。但在南半球，几乎没有熟悉的星座可以用来导航，当然更没有北极星。在凝视这个陌生的星空时，水手们发现“可以看到……两团相隔不远、略显暗淡的云”。这些泛光的云发出的光“有相当的亮度”。

这是上帝的礼物么？不管是什么原因，这两团神秘的云夜夜都处于相对固定的位置，并最终引导那些幸存者找到了回家的航道。麦哲伦自己没有活到最后——他在菲律宾群岛上爆发的冲突中被当地人刺死了。为了纪念他，夜空中那两个发光的信标都以他的名字命名，也就是现在我们所称的大麦哲伦云和小麦哲伦云。

400 年后，爱因斯坦正是利用这两团云解决了自己所面对的谜题——是否应该按照俄国数学家弗里德曼建议的那样，把方程改回原来的形式。而那仰赖于对麦哲伦云进行研究，并由另一类完全不同的先驱者揭示出它们中蕴含的秘密。

19 世纪 90 年代，在著名的哈佛大学天文台楼上的某间屋子里有大量的用于分

[1] 旧时长度单位，1 里格约等于 5 千米。——编者注

析星空的大型玻璃照相底片的“计算机”。这些“计算机”并不是电子设备。这个词在当时是指天文台二楼的那些年轻女性——她们的主要工作是坐在木桌前细致地测量底片，并把结果整齐地记录在表格里。

这些人工“计算机”曾让哈佛天文台台长爱德华·皮克林引以为傲。像是在描述什么机械一般，他曾这样说道：“使用这些没有特别技能，但也因此佣金低廉的劳动力正是种有效的节约——当然是在仔细督导的前提下。”为了避免产生纷争，他坚持不让这些女性——美国第一批女大学生中的一些——接受数学方面的训练，以防她们被属于男性天文学家的工作所吸引。他付给她们的薪水很低，时薪仅有25美分，而当时棉纺厂工人的时薪是15美分。他的同事们更是居高临下地以“女子工时”来计量天文工作的复杂程度。某个项目如果需要大量的制表工作，则用“千女子工时”来计量。

但只有两个人同时起作用才会导致自怨自艾——一个是中伤你的人，另一个则是默认中伤的你自己。好在哈佛天文台的女性中几乎没有人接受了男性对她们的看法，正如她们写的一首小调所表达的那样。那首小调是根据吉尔伯特与沙利文的喜剧《皮纳福号军舰》中的《我们在蓝色海洋上航行》这首歌的曲子谱成的，它的歌词这样写道：

我们夜以继日地操劳，
计算是我们的责任；
我们忠诚而礼貌，
我们的记录本美如佳人！

这些在皮克林监督下的女性中，最为坚毅的是亨丽埃塔·斯旺·莱维特。没有哪个善于用人的管理者会故意打压她。

莱维特，19 世纪 90 年代前后

皮克林雇佣的女性并不需要受太多的教育。但莱维特在奥柏林学院[1]的音乐学院上过学，并在拉德克利夫学院（当时被称为女性大学教育协会）的微积分和解析几何课程中拿到了 A 的成绩。她当然可以胜任皮克林交给她的那些无聊的制表任务，却远远不满足于此。她的好奇心会让自己陷入与皮克林的矛盾之中——也会最终改变爱因斯坦的生活轨迹。

每次那些精心打包的来自遥远的秘鲁安第斯山脉的阿雷基帕的木箱被运到时，莱维特都会感到一种特别的兴奋。在那里，哈佛大学架设了一台 24 英寸口径的照相望远镜，那是当时全世界同类望远镜中功能最为强大的一台。

皮克林起初派自己的哥哥前往阿雷基帕操作那台望远镜，但之后他哥哥发回

[1] 美国顶尖的私立文理学院。——编者注

的报告中满是火星上的大河巨湖——没有其他任何人能观测到那些景象，于是皮克林用另一名男同事替换了他。探访阿雷基帕的美国人用当时典型的帝国主义者的观念评论说，那里的混血人种和不远处的亚马孙丛林里的野蛮人是危险的。此外，8,000 英尺的海拔也让人筋疲力尽。再者，工作本身非常复杂。从没有人曾考虑派女性前往阿雷基帕，更不用提让女性在那里操作望远镜了。

在波士顿，莱维特在来自阿雷基帕的底片上发现了一些奇异的现象——尤其是在揭示出那些为皮加费塔和麦哲伦指引航向的云的细节的底片中。我们对非常均匀的日照相当熟悉，它的亮度每天基本都是一样的。这可以理解为，太阳每天燃烧掉的燃料是等量的。但对某些极为不同的恒星来说，燃烧是非常不均匀的。正如一个其中的水正在沸腾的水壶，压力在恒星内部深处蓄积，并将“盖子”——恒星的表面向外顶起，持续发出超高亮度的光。以这样的方式，压力会释放掉，恒星的表面也重新安定下来。在随后的几小时或几天内，温度会再次上升，从而促生下一轮的喷发。

在小麦哲伦云中，莱维特注意到有相当数量的恒星的亮度呈现出某种类似的周期性的变化。通过比对前后相隔几天或几周的底片，她发现，与均匀发光的太阳不同，小麦哲伦云中的那些恒星在某些时候会发出明亮的光，随后则暗淡下去，但会在几天或几周之后重新变亮。在莱维特开始自己的研究工作之前，已经有人在仙王座中发现了这类有规律地闪烁的恒星，它们被称为造父变星。

如果这些造父变星的闪烁是随机的，那么莱维特的发现可能只是外太空一个比较新奇但无足轻重的现象。但是她开始研究这个现象。她申请获取更多麦哲伦云的照片——当然这些申请都是通过皮克林完成的，因为他不允许任何人直接联系安第斯山脉当地的主管。在那些有着不同放大倍率的底片上，莱维特每次都能在相同的位置看到一团高密度的恒星。她开始怀疑这片云并不处在离地球很近的地方，而是和我们相距极为遥远。

但这些星团到底多遥远呢？在莱维特之前，没有人知道如何确定一个码尺来测量宇宙最遥远的部分。我们如果想象在夜里漆黑一片的牧场中看到一束手电筒的光闪过的例子，会更容易理解这个问题。一束略为暗淡的光可能是从很远处的一个强光手电筒中发出来的，但也有可能是一个弱光手电筒在很近的地方发出来的。莱维特的伟大发现，正是找到了一个在观测恒星时可以克服这一困难的办法。

在波士顿城外的那个砖楼里，莱维特俯身仔细研究那些底片。她发现可以把造父变星像各种不同的“手电筒”一样分类。我们可以把距离极为遥远的小麦哲伦云假想为一个牧场。而造父变星的信号，则可看成牧场中稀疏站着的几个人各自拿着的手电筒发出的闪烁的光。从我们的视角来看，大致上它们可以被认为处在同样远的地方。

莱维特注意到，某些造父变星的脉动周期很长，大概有 10 天之久。而另一些的周期则比较短，在 3 天左右。最重要的是，那些周期很长的造父变星在来自阿雷基帕的照片上看起来特别明亮。莱维特假设这些造父变星离地球的距离是一样的，这意味着长周期的造父变星发出的光要远强于短周期的造父变星发出的光。正如那些牧场中的手电筒一样，如果闪烁比较慢的看上去比较亮，那么我们可以假设它们确实更亮一些。

这些还不足以让我们完成对牧场真实距离的测量。进一步，假设我们可以设法测量某个手电筒，并知道它发出的光大概是两瓦特。那么在面对一个在很远处以相同频率脉动的手电筒时，我们就知道它的实际亮度也是两瓦特。根据它看上去有多暗，我们就可以估算出它与我们之间的距离。

这个道理同样适用于造父变星。并且幸运的是，天文学家已经测定过一颗离地球很近的造父变星，知晓它的距离和实际的亮度。这让莱维特得以以它作为测量标准。假设这颗新发现的造父变星以 7 天为周期闪烁，那么在遥远的麦哲伦云中拥有相同周期的造父变星发出的光一定与前者发出的强度相同。通过比对这两颗造父变星的亮度，莱维特就可以估算出麦哲伦云和地球之间的距离。

对莱维特而言，梳理出这样的关系是种很棒的体验。当她研究的一颗恒星显得模糊不清时，她对同事开玩笑说：“除非我们能找到法子发射个网，把那个东西网下来，否则我们永远无法理解它！”莱维特也知道这样的研究工作并不是她的本职工作。正如她的某位同事在笔记里写的，“如果我们可以继续独创性的工作，寻找新的星星，研究它们的特性和变化，生活就会像梦一般美好。但我们现在不得不把这些有趣的事情放到一边。”

然而莱维特很善于绕过这些障碍。她曾向皮克林解释自己必须要离开波士顿，回到她父亲在威斯康星的农场呆一段时间，并恳请他把她所有的个人记录本都寄给她，好方便她继续工作。当然，皮克林并不知道莱维特真正在做什么。

1906 年，爱因斯坦还很快乐地和米列娃生活在一起，并开始试图在专利局外找一份新的工作。这一年莱维特整理了自己的发现，并以《麦哲伦云中的 1,777 颗造父变星》为题目发表了一篇论文。她在其中阐述了她是如何通过紧盯麦哲伦云来为测量宇宙定下一把码尺的——造父变星亮度如何周期性地变化，以及它们的周期如何与真实亮度对应。

这是个非常了不起的成就，但皮克林却相当愤怒。莱维特是自己的下属，只是一个“计算机”、一名女性。他试图在论文或者会议上把她的部分发现归于自己名下，但好在她的声名已经传播开了。一位普林斯顿大学的天文学家就曾感叹道：“莱维特女士真是一位变星‘迷’。我们完全跟不上（她的）这些发现。”

皮克林无法容忍这些，于是将莱维特调离了当时的工作岗位，并称她将会完全忘记对麦哲伦云中那些所谓的变星的研究。他转而让莱维特为北极星旁的恒星坐标制作一份详尽的表格。这确实也是一份工作，虽然其他天文学家并不认为这有多么重要。但皮克林是个拘泥于细节的人，他以为这种制表工作可以为他自己赚取名声。

莱维特不断尝试回到自己热爱的研究工作中。1912年，当爱因斯坦为他的引力理论所需要的数学开始和格罗斯曼合作时，莱维特成功发表了另一篇论文，揭示了更多关于如何利用造父变星在外太空测量真实距离的细节。在她这样违抗命令之后，皮克林变本加厉地打压她。她无法再接触到从安第斯山脉运来的新底片——只要它们和那些“可恶的”麦哲伦云有关。

莱维特于1921年离世，始终无缘去往那个一直在她梦中的天文台。一年之后，她的一位同事获得了这个机会。当时皮克林已经不在波士顿任台长，所以规章也宽松了一点儿。

莱维特的这位朋友乘坐蒸汽船到达南美洲，再搭火车和四轮马车进入内陆，最终抵达通往阿雷基帕城的山谷顶部。当时的人这样写道，“从远处看来”，这座由白色火山石构筑的城市看上去“如大理石之城”。在城市的东北方，可以清晰地看到埃尔米斯蒂火山巨大的火山锥有近4英里高；而东边则是皮丘皮丘火山。当地的空气很稀薄，但莱维特的朋友需要继续前进，因为天文台还远在城市上方。抵达之后，她在海拔超过1.5英里的高度上感受着安第斯山脉清新的空气。

太阳刚下山。清凉的夜晚到来了，壮丽且无比清晰的群星逐渐现身。之后，莱维特的朋友打开笔记本写道：“（大）麦哲伦云如此明亮。它总让我想起可怜的亨丽埃塔。她是那样深爱着这些‘云’。”

13

“黑色”的红桃Q

1923 年秋天之后，爱因斯坦被一种困惑感包围。这主要是由弗里德曼那篇让人意外的文章引发的。那篇文章宣称原始的方程 G=T 是正确的，并且整个宇宙的曲率可能处在变化之中。恒星和行星可能会持续地相互远离，最终的结果是一种无尽的膨胀。又或者，完全相反地，这种曲率的变化表现为另一种不同的形式，似乎印证了古老的印度教神话——整个宇宙如宿命般陷入了膨胀和收缩的无尽循环里，仿佛我们被一个永远处于胀缩之中的无形球体困住。

爱因斯坦的处理方法是暂时置之不理。至少在意识里，他假定弗里德曼的发现仅代表数学上的可能性，并没有任何物理学意义。但之后，在弗里德曼柏林之行后的第 4 年，也是莱维特的同事造访阿雷基帕城后的第 5 年，这样的暂缓终止了。

1927 年，爱因斯坦参加了在布鲁塞尔举办的第五次索尔维会议。当他第一次参加这个系列的会议的时候，他还是一个住在布拉格的年轻小伙子。现在他是一位英雄般的人物，并且已经将任何对他的引力理论的纠缠都置于一边——或者说至少试着去这么做，以便把注意力集中在其他的课题上。然而在会议的第一天，一位三十多岁、体态发胖但很热情的比利时人找到了爱因斯坦，称自己在数学上证明了宇宙是膨胀的。

即使是比爱因斯坦名气小很多的物理学教授也经常会被一些想法古怪的人打

扰。对爱因斯坦而言，这更是家常便饭。他已经掌握了礼貌而又决绝地拒绝这些人的方法。特别是这一次在布鲁塞尔，他更需要如此，因为他的注意力完全在新的研究领域中。只是眼前这个人并不是那么好打发。

对方不仅是被邀请参加会议的——这意味着他至少作过一些研究生水平的物理学研究，而且还穿着配有硬白领的黑色羊毛外套，表明了他天主教神父的身份。实际上，他是一名耶稣会会士。在对教皇保持教义上的忠诚的同时，耶稣会会士几个世纪以来在天文学上都表现得很活跃。

爱因斯坦给了这个微胖的男子——乔治·勒迈特神父一个解释的机会。勒迈特说自己在比利时的一本杂志上刚发表了一篇论文，不知道爱因斯坦是否听说过它。他在文中讨论了基于爱因斯坦工作的一系列推广，研究了 Λ 项取不同值的情况。最有趣的结果发生在将 Λ 设为零时，也就是回到最开始的方程 G=T 时。

爱因斯坦与勒迈特，1930 年前后

多年之后，在回忆那次相遇时，勒迈特说爱因斯坦善意地称赞了他考虑这些问题时在数学方法上看似拥有的独到之处。但那些话听上去更像是名人们试图结束对话时的礼貌应付——爱因斯坦的用意正是如此。在勒迈特说完之前，爱因斯坦打断了他。你的计算也许是准确的，爱因斯坦告诉他，“但你在物理学上的见解让人无法接受”。爱因斯坦随即离开，他准备拦下一辆出租车，按计划前往奥古斯特·皮卡尔——一位因高空气球飞行而闻名的物理学家的实验室。

大部分人都会将这个举动看作谈话的结束。但正如大部分年纪相仿的欧洲人，勒迈特是在大战中幸存下来的。他曾经挖过战壕，当过机枪手，最后成为一名火炮军官。对他而言，世界上最出名的科学家从他面前直接走开并将关上出租车门这样的事也未必是拒绝，而是一个机会。于是这位耶稣会会士快步冲上去，跳进车里，坐到了爱因斯坦旁边。勒迈特想说明自己其实已经想过会受到上面那样的批评，但爱因斯坦会在意他的解释吗？

爱因斯坦不管愿意与否，现在都很难从这辆出租车中逃走了。勒迈特解释说，在自己的论文中——如果订阅了《布鲁塞尔科学学会年刊》的话，那爱因斯坦自然已经知道了这些——他已经给出了具体的实验证据来支持他的结论。

这是个让人不安的消息，勒迈特也一下抓住了爱因斯坦的注意力。爱因斯坦当年能够对弗里德曼的结果置之不理，就是认为那个不为人知的俄国人的计算仅是一种数学上的炫技，缺乏任何天文观测的支撑。但现在却有另一个受过科学训练的人告诉他存在证明宇宙膨胀的确实证据。

皮卡尔的实验室并不远，因此勒迈特只能给出略显仓促的解释。他提到自己最近在美国的哈佛大学以及麻省理工学院完成的研究生工作。在那里他了解到有关一类叫做造父变星的天体的极有意义的知识。虽然不知道是谁开创了这方面的研究工作，他解释说，但他知道这类天体会有明暗的变化，为深空探索提供了可靠的信息。这些研究似乎预示着——虽然证据听上去并不完全，但爱因斯坦应当能认识到它的重大意义——遥远的星团在加速分离。

爱因斯坦并没有显得不礼貌，但勒迈特觉察到他似乎有点儿分神。“他好像对天文学的事实全然不知。”勒迈特之后回忆道。出租车停下来后，爱因斯坦下车了。勒迈特完全不知道自己的想法有没有传达到爱因斯坦那里。

或许有，也或许没有。5年之前，也就是1922年，爱因斯坦称弗里德曼的工作仅有数学意义并否定了他的论文。当勒迈特在1927年进一步提出支持宇宙膨胀的数据——这正是爱因斯坦认为弗里德曼当初缺少的，爱因斯坦还是否定了它，认为它在物理学上不可接受。爱因斯坦知道勒迈特的解释并不是非常清楚，但似乎并不想知道更多，就像勒迈特提及的发现既不完整又并非出自最知名的天文学家，因而是可以忽略的。

显然，这背后另有原因。哈佛大学曾经做过的一个著名社会心理学实验或许可以对此进行解释。实验方组织了一批学生，并给他们展示一系列扑克牌。但这些牌的颜色都作了调换，原本的红桃和方块被改成了黑色，而黑桃和梅花则被改成了红色。

这是一项对感知的研究。当这些牌被缓慢地展示时，学生们很轻松地就发现了异常。如果牌快速变换——非常迅速以至于无法辨识细节，学生们则完全没有发觉反常的地方，并且非常自在。然而如果把牌变化的速度调整到某一个中间值——大概让受试者可以判断出是什么牌但没有足够长的时间来分析它，实验结果却大为不同。学生们普遍感到非常不舒服。他们抱怨说感到眩晕，或者称自己忽然变得很累，甚至——不知道出于什么原因——只想离开房间。他们想要终止实验。

这正是爱因斯坦在知晓弗里德曼的工作以及勒迈特补充的更多细节之后的处境。他们的工作似乎是在折磨他。他还没有完全理解所有的细节，但觉察到了潜在的真相——有什么地方出错了，并且想摆脱这种感觉。

爱因斯坦无法轻易摆脱困境。他在 Λ 项上倾注了太多心血，又太不想处理它。相比于一个默默无闻的比利时神父或者俄国数学家，他可能需要一个更有权威的人来说服他。在 1927 年的天文学界，加利福尼亚州威尔逊山天文台的台长埃德温·鲍威尔·哈勃正是这样的人——其声望超过了当时几乎所有的同行。

哈勃是个男子汉。传闻说他年轻时是个厉害的拳击手。芝加哥的比赛承办人

身穿加厚夹克的哈勃在寒冷的夜里观测，1937 年

曾向他打探，问他是否有意愿挑战当时的世界重量级拳击冠军——强大的杰克·约翰逊。哈勃拒绝了这个提议，之后他应征入伍成为一名军官，并在一战末期的法国经历了一些无比残酷的战斗。

他并不喜欢过多地谈论战争，只是偶尔会在深夜跟满怀敬畏的研究生们说道："最艰难的事情，大概是眼看着受伤的战友们纷纷倒下，却只能继续前进而不能停下来帮助他们。"他还提到自己曾被炮弹碎屑击中（这解释了他右肘的伤），甚至有一次被困在摇晃的观测热气球里，虽然非常惊恐，但在人们口中所称的勇气——他称之为常识——的支撑下继续观测下方战地的状况并绘制敌军的位置图。

这简直描述了一段传奇的人生，只是与事实大相径庭。首先，哈勃确实个子很高，而且身体健壮，但他仅在芝加哥大学的本科期间练过一个学期的拳击。那所大学也是以学术，而不是以暴力运动闻名的。并不会有哪个比赛承办人会真的考虑让一个几乎没有经验的学生去和世界重量级拳王打上一个回合。

哈勃的军旅生涯也和他本人所述的大为不同。他的确应征入伍，但他所在的部队从未参加任何实战。在他的退伍记录上，有关战斗、表彰和负伤的三个记录栏都清晰地写着"无"。肘部的伤，可能是他在肯塔基某高中短暂任教期间打垒球时留下的。

哈勃这些大话的唯一好处大概是，拥有白日梦般的空想可以成为追求现实成功的巨大动力。哈勃的确在研究天文学，并想精于此道。他成了威尔逊山天文台的台长。他的前任非常善于从富豪手里得到捐款。捐款的富豪中有一位名叫约翰·胡克的商人。山路崎岖的威尔逊山上安装着一些当时世界上最强大的望远镜，其中那台 100 英寸口径的巨大望远镜正是以胡克的名字命名的。它很重，用来固定它位置的那些光滑的铁梁和巨大的配重设备使它的穹顶内部的样子看起来像弗里茨·朗在 1927 年拍摄的未来主义电影《大都会》中的场景。

哈勃有一个可以看穿他矫揉造作的行事风格的竞争对手。这更加刺激了哈勃对成功的追求。尽管哈勃经常操着一种极为夸张的口音，而且他的话语中充满了诸如“By Jove”（“啊”）和“Jolly good”（“干得漂亮”）之类的用词，但他实际上出生于密苏里州欧扎克斯的一个农场。美国当时另一名顶尖天文学家哈洛·沙普利也出生于密苏里州。沙普利一直质疑哈勃的做作，但他自己同样对名望和成功极为渴望。

哈勃与沙普利之间的竞争关系使得他们都热衷于利用职务之便把别人的工作归为自己的成果并广为散布。举例而言，1924年，一位瑞典数学家在给哈佛大学天文台的信中说，莱维特教授利用造父变星测距的绝妙工作已经传到了欧洲，莱维特可否回信提供一些她的成果的细节呢？

通常，这样来自瑞典的信意味着被联系人至少有可能会被提名诺贝尔奖。沙普利当时已经取代皮克林成为天文台台长。他回信解释道，很遗憾莱维特女士已经去世了（他知道诺贝尔奖不会颁发给过世的人），其实是他进行了造父变星方面的主要工作，而莱维特女士压根儿不是什么教授，不过是被动地接受他的指导而已。

这与事实完全相反。但因为沙普利非常乐于宣传当年莱维特告诉他的那些结果，莱维特在造父变星方面的新发现变得广为人知。这也使在威尔逊山工作的哈勃有机会对造父变星作更多的探究。

当时的天文学家们认为，我们的银河系充斥着大量的近乎静态飘浮的星星。但没有人知道银河系之外的状况。有人发现了一些表现比较奇怪的光信号，它们不属于任何已知的天体的类型。它们被称为星云，被普遍认为是银河系里存在于群星之间的一些气体云。

威尔逊山上的100英寸口径望远镜非常强大，因而哈勃和天文学家米尔顿·赫马森得以拍摄极为详尽的照片来分析那些星云。一些星云看上去完全不像气体，而像星星的集簇。于是问题变成了：它们距离我们有多远？

赫马森，1940 年前后

如果它们距离我们并不远，这意味着它们仅是银河系的一部分，而我们所在的孤岛一般的一成不变的银河系即是宇宙的全部这一信念也会进一步得到确证。但如果这些神秘的星云非常遥远，那么我们或许并不如我们一直认为的那般孤单。

哈勃很勤奋。因为自己编的故事和实际生活之间的差异越来越大，他知道自己必须要尽快完成一些实质性的工作，否则可能会被人拆穿。哈勃的手很灵巧，而赫马森则更是如此。后者是个极为仔细而理智的人，年少时是威尔逊山上的赶骡人，通过那些崎岖蜿蜒的山路向山顶拖运天文台的建筑材料。在很多慷慨的天文学家的帮助下，他通过自学掌握了如何操作大型设备和精密的光学仪器。

1925 年，赫马森和哈勃比对了仙女座中某个星云的一些照片，发现有一颗恒星的表现很像莱维特（又或者是沙普利？）曾细致研究过的造父变星。这颗恒星的周期大概是 31 天。根据莱维特的发现，如此长的周期意味着它的亮度极高。但即使是在这台 100 英寸口径的望远镜中，它看上去也非常、非常暗淡。

为什么一颗真实亮度如此高的星星看上去会这么暗淡呢？答案只有一个——这颗星星发出的强光因为传播了相当遥远的距离才到达地球而衰弱了。哈勃作了一些计算。天文学家经常使用一种距离单位——光年（它并非时间单位，而是指光在一年时间里在真空中走过的距离，约为 94,607 亿千米）。我们所在的银河系大概有 90,000 光年的跨度[1]，当时大部分的天文学家都认为这个跨度包含了宇宙中所有重要的物质。然而计算表明，仙女座星云中的造父变星有近 1,000,000 光年远。

哈勃的发现意味着一个事实：我们的星系并不孤单。那一小团云并不是星际间的气体，也不是附近一些星星的团簇。相反地，它必定是另一个完整的星系——巨大、壮丽，悬浮在远离我们的某处。它好像是某个天空舰队的一员，而这个舰队所延伸之远超过任何人的想象。

除了发现这个新的星系，更棒的是，利用著名的多普勒效应，我们可以测定这些遥远的星系在以多快的速度移动。多普勒效应的发现和声音有关。假想你在街边时恰好有一辆救护车经过，它的警报声听起来是变化着的——在它接近时是一种高音调，而在它远离时就忽然转变成了低音调。光也有类似的现象，只是变化的不是声音，而是颜色。一艘快速向你驶来的宇宙飞船会比它在静态时看上去更蓝一点儿；而在它离开时，它的颜色又会偏红一些。这种效应在物体低速运动时比较微弱，但在高速运动时则非常明显。

当时已经有一些天文学家开始测量不同星团光信号中的颜色漂移[2]。在布鲁塞尔的出租车上，勒迈特在试图向爱因斯坦解释粗糙的早期数据时也提到了这一

[1] 新研究给出的结果远大于此，本段下一个数字亦然。——编者注
[2] 即光谱漂移。——译者注

点。离我们越远的星团的颜色越偏向于红色。这说明，外太空的一切确实都在快速远离我们。

赫马森和哈勃的贡献是为勒迈特关于宇宙膨胀的工作提供了大量详细的观测证据。勒迈特当年没有如此精确的测距信息——任何人都没有。威尔逊山的巨型望远镜让赫马森和哈勃得以识别出遥远的星系中的造父变星，而不管是弗罗因德利希托运到克里米亚半岛上的望远镜，还是爱丁顿带到普林西比岛上的那台，都无法捕获这些星系的细节。沙普利曾指示使用位于阿雷基帕哈佛研究中心的那台曾经威力无比的 24 英寸望远镜来观察同样的区域，但那些在威尔逊山上得到的数据对那台望远镜而言就像隐身了一般——哈勃想到这些就非常得意。赫马森使用的望远镜有 100 英寸的口径，与沙普利的设备相比，它在光线收集效率方面要强得多。哈勃显然忍不住要挖苦一下已经必败的沙普利，于是在给对方的信中这样写道："在过去的 5 个月中，（我）找到了 9 颗新星和 2 颗变星。……总而言之，下个季度必然让人非常开心。"

到了 1929 年，赫马森和哈勃顺利完成了观测。随和的赫马森并不介意"一流拳击手"和"战争英雄"哈勃以一人之名发表工作成果（尽管他在文中提到了来自"助手"赫马森的忠心的支持）。那篇论文以一张整洁的表列出了 24 个不同星系的距离，以及根据光谱漂移数据得到的表征它们移动速度的最佳证据。虽然数据有些零散，但主旨却非常明确：星系正在快速远离我们，并且距离越远的星系远离得越快。

这篇论文中给出的证据比其他任何人提供的都要完整，这一点加上哈勃富有感染力的演说和绝佳的宣传能力，使他的发现以极快的速度传播开来，传播的广度和速度远不是《布鲁塞尔科学学会年刊》上那些成果可以比的。

消息越过大西洋，传到了柏林的爱因斯坦那里。这一次，他再也无法反对这个证据了。

爱因斯坦公开承认 Λ 项现在没用了。哈勃终结了它——至少他为证明这个项并不是必要的作了不少补充，也增加了相关发现的权威性。爱因斯坦的引力方程终于回到了它原来最为优美的简约形式，但他的心态却再也回不去了。

与今日相比，在两次世界大战之间的长途旅行要困难得多。在哈勃于1929年公布发现后将近两年，爱因斯坦才终于到达了加利福尼亚州。那是一段很长的汽船旅行，他先是去了纽约，之后穿过巴拿马运河。他将在加州亲自表达自己的敬意。当他和埃尔莎在1930年12月抵达加州时，港口有成千上万激动的人在欢迎他们，还有众多的摄影师，甚至有一支乐队在演奏专门谱写的爱因斯坦之歌。

如果哈勃曾因伪装成一名战争英雄和拳击冠军而开心，那么现在全世界最伟大的科学家造访，他简直无法压抑心中的得意。他给几乎所有美国天文学界有影响力的人都发了请帖。埃尔莎带着丈夫参加了很多次的好莱坞晚宴，对这些宴请她有一套相当有效但可能略不礼貌的筛选办法。请帖如潮水般涌来，她会先全部接受，然后在最后一分钟决定哪个最符合自己丈夫的口味，再推掉其他的。好莱坞名流们的邀请一般都会被保留。在一片闪光灯和人群的包围中，爱因斯坦参加了《城市之光》在好莱坞的首映式，与他一起的是主演查理·卓别林。

哈勃知道自己的请帖是不会被拒绝的。在那特殊的一天，也就是1931年1月29日，周四，哈勃仔细地打扮着：闪闪发亮的皮鞋、他最好的一条牛津式灯笼裤（仅过膝4英寸，在膝盖下收紧的裤子）、烟斗、他最喜欢的粗花呢外套——可能最后还仔细检查了一下领带。这下终于准备好了。

通常，载着访客到威尔逊山山顶的是一辆消音器突突响的老卡车。这次因为爱因斯坦的到来，哈勃租了一辆造型优美的皮尔斯银箭旅行轿车。摄影师和摄像师拥挤着，极力试图靠近爱因斯坦和他妻子拍摄。在那位伟人的右手边，他们看到的正是光芒四射、精神饱满，且显得极为自信的哈勃。

爱因斯坦和卓别林参加《城市之光》的首映式，1931 年 1 月，洛杉矶。当爱因斯坦问他成为焦点意味着什么时，卓别林回道：“没有任何意义。”

无论是在上山过程中不断经过 U 形发卡一样的转弯的 20 分钟里，还是在参观放置着太阳成像望远镜的 150 英尺高的塔时，哈勃都寸步不离爱因斯坦。仅有一次，当爱因斯坦乘一部单人电梯到 15 层楼高的塔顶，而电梯全程仅由一根细缆绳牵引时，哈勃只能焦虑地在下面等待着。在爱因斯坦从塔顶安全返回——否则新闻的头条就会变成“世界上最伟大的天才死于无能的天文学家之手”——之后，哈勃又跟了上去。他几乎是一路“粘着”爱因斯坦进入到主厅和其他观测楼的。他们随后进入放置着 100 英寸巨大望远镜的穹顶屋。当爱因斯坦开始敏捷地向上攀爬，去往顶端毫无遮蔽的狭窄通道——从那里偶尔可以远远看到下方的洛杉矶城，哈勃紧随在他身旁向上爬。摄影师们在下面站着，不停按着快门。“他几乎是硬生生地挤了进去，”哈勃的一个同事事后回忆道，“他想被摄影师拍到和伟人一起站在那里。”

晚餐之后，当太阳终于落山而星星出现的时候，哈勃陪着爱因斯坦回到了100英寸望远镜所在的穹顶屋。这一次不是为了拍照，而是要通过目镜看一下那些行星、星云和恒星。哈勃心中那份巨大的喜悦感，到底是因为招待了爱因斯坦，还是因为知道沙普利只能在接下来几天的报纸上读到相关的报道（出于某些原因，哈勃忘记将请帖送给沙普利了），就不得而知了。

哈勃深爱荣耀，但并不自私——至少不完全是，他知道这样的日子必须有赫马森的参与才算是公平。他告诉爱因斯坦是这位极好的人负责记录并得到了红移——正是这些数据表征了星系移动的速度，随后爱因斯坦和赫马森在天文台的一间办公室里坐下来一起检查原始的底片。爱因斯坦曾供职于伯尔尼专利局多年，并且喜欢手工；在他年轻的时候，他的父亲和叔叔更是沉浸在工程中。他看重坚实的实践技能。赫马森的手还是如他年轻时做体力活时那般粗糙。在两人检查那些底片时，爱因斯坦清楚地意识到赫马森在工作中没有走任何捷径。这些红移是不容置疑的。那些星系正飞速远离，甚至速度还在加快。

次日，在威尔逊山天文台的图书馆，爱因斯坦面对着比前一天更多的摄影师和记者发表了一个声明。他用依然不太地道的英文大声宣读着：“哈勃和赫马森的新观测结果……涉及远距离星云光谱中的红移现象，据此得到的假设大致表明，宇宙的整体结构不是静态的。勒迈特的理论研究结果……得出的场景很好地融合于广义相对论的框架中。”

这是个大新闻。“图书馆中一片震动。”在场的美联社首席记者这样写道。当时对于相对论的狂热正席卷全美。在一篇正式阐明自己观点变化的文章中，爱因斯坦称：“这是非常了不起的，哈勃的新发现让广义相对论不再显得不自然（即去掉了 Λ 项）。”方程终于回归到那个他一直深爱着的完美形式。

在哈勃1929年发表论文时，爱因斯坦就接受了 Λ 项的终结。两年后他在威尔逊山的公开演说则是一个正式的声明。英国的《潘趣》杂志随即这样写道：

若生活充满苦恼，
到处是浮沫气泡，
那就求助于哈勃，
他正是心腹之交！

对于哈勃这样穿着灯笼裤的亲英者而言，那样的认可是很棒的。而他也是来自欧扎克地区农村的少年，所以，几周前《斯普林菲尔德（密苏里州）每日新闻报》的受人尊敬的版面使用的新闻标题就更棒了：

离开欧扎克山脉研究星星的青年人改变了爱因斯坦的想法

14 终获释然

随着 Λ 项的去除，爱因斯坦终于释然了。“从引入那一项开始，我一直觉得心有愧疚，”他后来解释道，“我（曾）无法相信自然会遵从如此丑陋的规则。”这种无需藏在心中，终于可以坦诚的解脱感是很强烈的。

而此时对弗里德曼道歉已经太迟了。那个忧伤而体弱多病的俄国人几年前死于斑疹伤寒，始终不知道自己的想法被证实了多少。而发福的勒迈特还健在，爱因斯坦对他极为宽厚。1933 年，也就是威尔逊盛会后的第二年，在加州举办的一场会议上，爱因斯坦站起来，如此评论勒迈特的最新工作：“这是我所听过的……最为美妙和令人满意的诠释。”

与 1927 年他们在布鲁塞尔第一次的相遇不同，1933 年的爱因斯坦不仅没有当着这位牧师的面摔上出租车门，还在会上宣传着勒迈特神父会“和我们讲一些非常有意思的事情”。不过这让勒迈特在会前颇为慌乱，因为他不知道自己需要作报告。在勒迈特努力完成了一个即兴的报告后，众人可以很清楚地听到爱因斯坦用带着施瓦本口音的法语说道：“非常美妙，简直太美妙了。”

爱因斯坦的开心并不单是因为原本的 G=T 这一简洁的关系被证明是对的。他意识到哈勃的发现意味着我们可以像阿博特的故事中设法跃出自己的宇宙，弄清到底发生了什么的平面国居民一样。方块先生为此需要求助于到访的球体。弗里德曼也曾提出，可以派一名严格沿直线前行的旅行者，看他是否最终会回到出发点。这些当然在实际中都缺乏可行性。然而通过精确测量三角形和长方形的角度，我们可以判断它们是处于平面还是曲面上。这是当年格罗斯曼教给爱因斯坦的几何技巧，也更接近他实际中可能利用的办法。

这不是哈勃可以领会的。他知道仙女座中的造父变星证明我们所在的银河系只是众多星系中的一个。它们都由亿万颗星星组成。在加州干燥的沙漠中的山巅的那台100英寸口径望远镜视野所及的太空里，这些星系如巨大的岛屿般散布其中。而赫马森发现的红移表明，那些星系在快速远离我们——并且距离我们越远的星系移动得越快。

这差不多就是哈勃理解的极限了，他也承认自己不是理论物理学家。爱因斯坦的理论常常会引出一些非常奇怪的结论，譬如爬梯子会因为扰动了空间而引起类似涟漪的效果，以及扭动自己的手会使周边的空间起伏形成凹陷。而最新的这个发现则更让人吃惊。对那台100英寸望远镜的观测结果，合理的解释似乎是：宇宙正是在加州的那个山顶上被创立的——它的诞生如火山喷发一般，所有的物质都仍然在远离这个喷发点。但即使哈勃再自负，他也无法接受这种解释——仿佛宇宙中这些遥远的星系都知道他所在的位置，而自己就在一切未来事件的中心点，目睹星系的远离。

而正确的解释却更为让人震撼。假想你拿着一个干瘪的白色气球，并用红色记号笔在它的表面标记一些点。当给这个气球吹气时，你会发现这些红点分散开来。

特别的是，原本邻近的那些红点，它们分开的速度会慢一些，而相隔较远的点的分离速度则比较快。并且这一现象和观察点没有关系。首先来看气球顶部的一个红点。当我们吹气的时候，离它最近的那些点只会移动很小的一段距离；如果我们吹了一大口气，远离它的红点会以更快的速度和它分开。现在把注意力转移到远

离顶部的一个红点，我们同样会发现，在相同的时间内，它附近的点也仅仅只移动了一小段距离，而离它比较远的那些点则移动了更多的距离。

假想这个过程发生在地球上，它可能会更有戏剧性。如果你正站在英国的国会大厦上，看着泰晤士河对岸充满田园特色的巴特西在缓慢远离自己。这或许并不让人觉得特别奇怪，因为在你看来更像是泰晤士河以 1 英里的时速在持续变宽。但无线电报却传来消息，都柏林此时正以 100 英里的时速远离你，而更远的纽约离开的速度已经到了每小时 3,000 英里。

乍一想，你会认为是泰晤士河下的某股岩浆流导致地表以伦敦为中心分崩。但其他地方很快传来了奇怪的消息。英国广播公司在纽约的记者坚称自己感觉是静止的，但新泽西的海岸正以 1 英里的时速远离他，同时哈得孙河正在慢慢变宽。而离纽约比较远的多伦多，正以 300 英里的时速远离他，更远的伦敦远离他的速度高达每小时 3,000 英里。

这很诡异，怎么可能伦敦和纽约都如当地的人感觉那样是这场行星级岩浆流的静态中心呢？唯一的可能就是我们的地球本身在膨胀。虽然地表发生的事情比较奇怪——城市在以不均匀的速度相互远离，但如果把地球想象成一个充气中的巨大气球，这一切就很合理了。邻近的城市的分离速度相对比较慢。随着地球的膨胀，那些相距较远的城市彼此分离的速度则要快得多。

在某种程度上，这就是赫马森测量外太空天体距离时所发现的。那些遥远的星系宛如气球上的红点，或者地球上的城市。并且不管从哪个点来看，都是其周边的点分离速度慢，远处的点分离速度快。这一事实意味着，我们认知中的宇宙——即我们所在的三维空间——只是某种宏大的，甚至令人恐惧的存在的表面。我们很容易理解，一个二维的干瘪气球，膨胀后会变成三维空间中的球体。类似地，我们所在的三维宇宙和其中的所有星系，也必然可以“膨胀”进入到第四维空间——这是一个逻辑结果，虽然我们有限的智慧无法形象地理解它。

对爱因斯坦而言，赫马森的发现正是他一直期待的。最初的方程的预言是正确的，弗里德曼和勒迈特都曾经试图向爱因斯坦证明这个预言，但他却错误地拒绝了。我们的宇宙只是某个巨大球状体的表面，而星系则散布在其表面上。当“下面”这个球状体膨胀时，星系也随之分开。我们所在的银河系并不特殊，可以说没有哪一个星系是特别的。这或许让我们这些“平面国居民”感到迷惑，但威尔逊山上清晰的观测结果证明，它必然是正确的。

1929年前后，爱因斯坦在个人生活方面也大大地释然了。经过中间人贝索的努力调解，他和米列娃终于达成了某种共识。爱因斯坦觉得，出于公平，自己应该把获得的那笔数额不菲的诺贝尔奖奖金都交给米列娃。她把其中大部分钱都投资到了地产上。经济上的安全感让米列娃不再那么愤恨，这也使爱因斯坦有机会改善和儿子们的关系。在和孩子们度过一次假后，爱因斯坦在给米列娃的信中说，他们得当的举止说明“你证明了你知道自己在做什么”。

他和埃尔莎之间的关系也有所改善。爱因斯坦在第一次遇到她时曾这样写道：“我必须爱一个人，否则活着就是一种折磨。而那个人正是你。”这股最初的激情在他们1919年结婚后渐渐消失了，但之后他们又渐渐找回了一些当初的感觉。虽然爱因斯坦仍然有外遇，但他从未直接羞辱过埃尔莎；他也一直都很大方，并保持着她爱的那种幽默感。并且在爱因斯坦自己看来，他也意识到，即使是不完美的婚姻也可能有让人满意之处。埃尔莎事事都为他考虑，更是个非常棒的女主人，让每个人都感到很舒适，并且他也欣赏埃尔莎那种带着善意的嘲讽的幽默风格。

例如，1930 年 12 月，他们因为哈勃的发现前往加州。在抵达的时候，欢迎的人群中有几十个啦啦队员。这种怪诞的场景让人不知所措。让她丈夫颇觉好笑的是，埃尔莎像检阅卫兵一般，沿着那样的队伍边走边适时地评论着她们。

没有什么可以难倒埃尔莎。还有一次，在和爱因斯坦一起访问芝加哥大学时，她提到之前的普林斯顿之行，并称自己和丈夫都非常喜欢那个地方，尽管那些飞蛇很麻烦。记者们对此非常困惑，于是埃尔莎补充道："那种会叮咬手的飞蛇。"这下记者们更为不解。她于是继续说道："就是那种会在裙子下面乱飞的蛇！"好在这时通晓德英双语的女主持人参与了进来。"真的是飞蛇吗？"她用德语问爱因斯坦夫人。埃尔莎摇摇头——美国人居然这么无知。"不！"她解释道，"我是说蚊子！"[1]

在他们柏林的家中，埃尔莎花了很多心力让自己的丈夫过得舒服。比如，爱因斯坦很喜欢新鲜草莓，因此她一看到就会买。他们养了一只蓝色的长尾鹦鹉，让厨房看起来很悦人；他们还有音乐之夜。爱因斯坦在想要放松时会花很多时间来弹钢琴，或者拉他挚爱的小提琴，不过邻居们并不很能接受夜里他在回声巨大的厨房中进行的那种激烈的演奏。

甚至那个避暑的小屋现在也充满了欢乐。爱因斯坦很喜欢和埃尔莎以及他的继女们一起散步，欣赏周边的美景。他与儿子汉斯之间的关系也已修复。有一次，汉斯更是骑着摩托车帅气地出现在众人面前。他们会在林中找蘑菇，研究邻居儿子那个奇怪的玩具"溜溜球"；令人难忘的还有那些果树和背阴处的门廊。爱因斯坦曾向汉斯评价自己的现任妻子"在思想上没有什么闪光之处"，但他继续补充道：

[1] 德语的"蚊子"（Schnaken）和英语的"蛇"（snake）发音相近。——译者注

“（然而）她为人特别善良。”

接受“阿尔伯特父亲”这个称呼以及爱因斯坦的外遇是值得的，在这一点上埃尔莎的女儿们似乎是站在了她们的继父这边。而每次到了关键时刻，爱因斯坦也总是选择退而保全自己的婚姻。例如，1924 年他曾写信给一个特别痴迷于他的大学毕业生，告诉她他们之间是不会有未来的，而她需要做的就是“找一个比我年轻 10 岁并和我一样爱你的人”。

随着爱因斯坦的家庭生活渐渐稳定，他的心态也以另一种方式达到平衡——或者说是他认为的平衡。这一点，在之后面对另一个人的特殊贡献时，可以从爱因斯坦的反应中看出端倪。这个人正是勒迈特，一个曾让他觉得芒刺在背的人。

回到 1927 年，在爱因斯坦决定去除 Λ 项之前，他并没有认真看待勒迈特的工作，也表现得不是很礼貌。这未免有些伤到当时那个初出茅庐的比利时人，让他觉得有些沮丧。不过，在终于得到爱因斯坦的，以及爱丁顿和所有其他重要人物的支持后，勒迈特重拾信心。他开始进一步探究自己从爱因斯坦的方程中导出的动力学模型。宇宙可能在持续地扩张，又或许，按照弗里德曼的观点——也恰巧符合印度神话的设定，处于一个永恒的循环之中，不停地改变自己的大小。但所有这些模型都假设这个过程是持续进行中的，没有一个原点，就像同样没有终点一样。

为什么？

勒迈特在余生中坚称自己之后的研究和他的宗教信仰并无关系——宗教是通往真理的一条途径，科学则是另外一条路，而它们采用的方法也不同。但在他去世之后，通过整理他的遗稿人们发现，在更早的时候，当他还在神学院接受成为牧师的教育时，他曾记下这样一句话：“宇宙始初于光。”

而现在，在 1929 年之后重获自信的他开始研究这样的想法是否隐藏在爱因斯坦的方程中。难道人们就不可以穿越回过去，看看这一切是从何开始的吗？威尔逊山的观测结果让这一切不再纯粹是理论上的假想。赫马森已经展示了有些星系正飞速离我们远去，可能与昨天相比远离了10亿英里，而与前天相比则远离了20亿英里。所有的星系都曾更为靠近我们此时所在的星团。这犹如一颗巨大的手雷爆炸，而星系就像爆炸产生的碎屑，四处扩散。我们像是很晚入场的观众，只看得到飞散的碎片。但我们可以在脑海中想象时间逆转的情形，直到爆炸最初的一瞬间——那个时间点被勒迈特称为“没有昨天的一天”。

勒迈特在1931年发表了他的计算结果。它们当然比上文描述的要复杂很多。我们并非要想象物质都集中在一个很小的空间中构成一个所谓的本初“原子”，而是要想象时间和空间都被更加紧致地压缩到一个点里面去了。数学的语言是精确的，而我们的想象——以及我们的语言——不得不带有比喻的性质。勒迈特就这样描述道：“宇宙的演化可以比作一场烟火秀刚刚结束——仅剩下些烟尘。站在已经冷却的余烬上，我们看到渐渐褪色的恒星，努力想象着那已经消失了的，世界起源时的光辉。”爱因斯坦在1933年称此为“我所听过的最为优美的和令人满意的创世解读”。

勒迈特关于宇宙起源的理论绝妙无比。它代表思想上的一场变革。但正如很多其他影响深远的理论物理学突破，它完全仰赖于G=T这一关系式。

爱因斯坦引力方程的复原的结果有好有坏。令人开心的是，爱因斯坦和所有理解他方程的人，见证了科学所能实现的最令人震撼的事情之一——人类可以写出比自身“聪明”的精确的方程[1]，这些方程可以得出它们的创造者们从未想到的惊人而精确的预言。一个普通人，或是呆在书房中时，或是漫步于苏黎世或柏林的街头时，仅用纯粹的思考就领悟了G=T这一关系，并随之打开了闸门，使众多惊人的，甚至夸张到难以想象的结论如洪水般奔流而出。

---

[1] 关于这一点，一个很好的例子是保罗·狄拉克发表于1928年的描述电子的狄拉克方程。正如$X^2=25$这样的方程有$X=5$和$X=-5$两个解，狄拉克方程也有两种可能的解：一种是带负电荷的电子，即当时所知的所有电子；另一种是带正电荷的电子，但这种“正”电子是完全无法想象的。1932年，加州理工学院的卡尔·安德森发现了正电子，这使得狄拉克评论说：“我的方程比我聪明。”——原注

更让爱因斯坦满意的是，他此时坚信，自己的思考揭示出宇宙是简洁的，建立在无比精巧而清晰的原理之上。这种架构上的统一正是爱因斯坦的挚爱。抛弃掉 Λ 项后，他更为确信现实的存在必然是有序的，并等待人们去发现其规律。

另一个结果则不那么乐观。

天才们也是靠努力才迸发出那些前所未有的新想法的。而通常这些想法都远超当时民众的想象，他们因此需要对自己的想法抱有相当程度的自信。这其中就难免会有固执的成分。但他们也同样需要妥协，要让自己的想法和已知的事实相容，并且让后续的工作和实际中的新发现相符合。这其中的诀窍大概就是可以在妥协和固执之间找到一种平衡。

爱因斯坦却快要打破这种平衡了。他当年不得已加上那个笨拙的 Λ 项，是因为 1915 年前后的弗罗因德利希和其他天文学家都不知道宇宙的膨胀。他们如果当时就知道这些，就不会反对他，而他也不会作出那样的修正。爱因斯坦立誓，自己再也不会被那样蒙蔽，他再也不会让那些有限的实验知识干扰自己深信着的纯净而优美的理论。

多年后他告诉自己的同事当初添加 Λ 项是“我一生所犯的最大的错误”。但其实对于这一点，他或许还是错了。爱因斯坦其实犯了个更大的错误，那就是认为自己可以无视那些否定了他已然认定的事情的实验结论。他在当年面对弗里德曼和勒迈特时就犯了这个错误，并且在其他方面也犯了同样的错误。多年以来，面对那些暗示宇宙可能远不如他坚信的那般有序的实验证据时，爱因斯坦一直持反对态度。他从未想过要去相信那些实验证据。增加又去除 Λ 项的经历让他变得颇为执拗——也让他对那些说明宇宙如何运转但与理论不符的观测结果的排斥到了前所未有的程度。

V

最大的错误

爱因斯坦，20 世纪 30 年代初期

15
打击新人

就在爱因斯坦致力于解决宇宙结构这样的宏观尺度问题的这些年间，物理学在原子和电子等微观领域也在取得持续性进展。这一切的发生伴随着爱因斯坦构想出方程 G=T，然后又画蛇添足地添入宇宙常数 Λ 项，最后再惴惴不安地忍受这一多余项十多年。与此同时，一个全新的观点正浮出水面。它代表着我们对我们赖以生存的世界的理解的一种跨越式进步，这一进步的影响与上一个世纪中维多利亚时代的物理学家们的创造，以及 20 世纪中爱因斯坦的狭义和广义相对论所带来的影响一样巨大。这场革命将威胁到爱因斯坦所认为正确的一切，而他的反应也终将导致他不得不在普林斯顿忍受科学界的孤立。

旧的范式对爱因斯坦很友好，而且即使一些物理学家当时试图推翻它，爱因斯坦也已经接受了其合理性。在爱因斯坦年轻的时候，甚至在他取得诸如 G=T 的众多成就的二十几岁和三十几岁的时候，思想家们认为，无论你观察的物体的尺寸是多大，你都可以找到精确的规律来解释物体是如何运动的。然而，在爱因斯坦生活的那些年中，不断有证据表明这一点并非如此——尽管他同时代的科学家一开始并不能接受那种解释。

例如，在 1908 年，生于新西兰的性格直率的卢瑟福研究员在曼彻斯特工作时发现了一些常人难以理解的东西。当用微小的粒子轰击原子薄片时，他发现虽然大部分粒子直接穿了过去或偏转了几度，但还有一小部分粒子竟然被直接反弹了回来。

“这是我一生中遇到过的最令人难以置信的事情，”他写道，“就像你将 15 英寸的炮弹射向一张薄薄的纸片，然后它反弹回来击中了你一样令人难以置信。”

卢瑟福的发现挑战了所有关于亚原子粒子行为的预期，但是他发现的反弹效应并没有终结万事万物都存在精确的、带有因果关联的确定性这一观点。疑惑的几周过后，卢瑟福想通了，这种现象的产生并非因为原子内部存在随机的混乱性，而是因为原子内部存在一个很坚硬的东西。他意识到，处在每个原子中心的硬核可以被看作一个微型的“太阳”。他设想，一些微型的“行星”飞行在硬核周围。这些“行星”恰好就是非常轻的电子。他轰入的那些粒子大部分都穿过了微型“行星”之间的空隙，但是偶尔有一个粒子会击中处在中心位置的硬核“太阳”——他称之为原子的核，这就是粒子会被反弹回来的原因。

这是一个令人满意而熟悉的解释——微观世界的运行规律就像是宏观世界的微型复制；换句话说，我们人类生活在巨大的太阳系的一颗星球上，在我们内部，有许多微小的“太阳系”组成了原子，而这些原子进一步构成了我们自身。这些完全符合对于科学进步方式的标准看法：不管物质内部粒子的行为隐藏得有多深，只要拥有更好的分析方法和更强大的工具，科学家就会认识到这些精确的活动。

紧接着，在 1912 年和 1913 年，丹麦科学家玻尔提出了关于卢瑟福发现的微型“太阳系”模型的更多细节。卢瑟福看起来与典型的新西兰农民没有什么不同，而玻尔却与众不同。他有硕大的脑袋和异乎寻常的大牙。在他与弟弟的孩提时代，曾有路人因有长相如此怪异的孩子而对他的母亲表示同情。玻尔同时也是一名出色的足球运动员。在他的博士学位授予仪式上，哥本哈根大学的教职员尴尬地发现，许多与会人员都是来支持他们出色队友的足球运动员。玻尔的弟弟则是丹麦国家奥林匹克足球队的明星，传说当玻尔获得诺贝尔奖时，一家体育报纸的头条为“足球明星的哥哥荣获诺贝尔奖”。

度假中的玻尔，1933 年，挪威

玻尔说话的时候总像在慢条斯理地咕哝，但是他为人非常和善，拥有很强的创造性思维，并且乐于结交志同道合的朋友。例如，当玻尔研究电子轨道时，他一直师从卢瑟福，住在曼彻斯特的一个寄宿公寓内。住在那里的学生们怀疑他们的房东将周末的烤肉回收，几天或几周后把它们重新做成食物，而这些回炉的菜肴并不适合食用。其中，一名来自匈牙利的学生乔治·德海韦西经过冥思苦想，决定利用卢瑟福实验室的放射性示踪剂来追踪一下周末的剩菜。一个偷偷拿来的类似盖革计数器的设备显示，这群年轻人的怀疑是正确的。此后，玻尔和德海韦西成了一生的朋友（而且德海韦西后来因放射性示踪剂的工作获得了诺贝尔奖）。

随着玻尔对原子结构的深入研究，许多他先前的发现看起来似乎很奇怪，以至于不能纳入合理的物理学范围。玻尔意识到，电子不可能按照卢瑟福所想象的微型太阳系模型那样运行。如果电子一开始就绕着原子核运动，那么它们很快就会坠向原子内部，这样一来原子将会塌缩。然而，我们、我们赖以生存的星球以及大部分的宇宙都由原子构成，却并没有塌缩——正如我们的身体并没有收缩成一团粒子，因此，旋转的电子保持在稳定的位置必定存在其他解释。

但是，电子轨道这个奇怪的特点就像卢瑟福发现的原子核一样，仍然可以通过一些相当传统的术语来理解。玻尔提出了如下观点：电子被锁定在一定范围内的可能轨道上；电子不能随意地从远处滑落到靠近原子核的地方，而只能从一个特定的轨道跳跃到另一个轨道，就像海王星会突然出现在地球旁边，沿着它的轨道围绕太阳运行，也可能出现在火星旁边或者另一个星球旁边，但决不会出现在除此以外的其他地方。这个概念像卢瑟福的理论一样难以想象——然而一旦它被接受，将会有无穷无尽的现象有待发掘。这些跳跃被称为量子跃迁（在“量”的意义上）。这一名词强调了这些跳跃是以离散的、定量的方式发生的。

爱因斯坦熟悉的经典观念正在被撕扯，但还未完全破裂。实际上，在 20 世纪初期的微观领域的诸多进展中，爱因斯坦扮演了中流砥柱的角色。他在此领域取得了巨大成功——他获得诺贝尔奖并不是因为方程 G=T，而是因为 1905 年的解释光的波粒二象性的工作。光的粒子性可以用来解释金属被光照射时放出电子的方式。对于外界来说，这个想法似乎是他的天才的另一个标志，但是对于爱因斯坦来说，它只不过是合乎常理的——宇宙的运行是有序的，人类总是可以通过理性找到这个秩序。

在他于1905年发现光子特性的10年之后，即在柏林全力以赴得到G=T方程之后，爱因斯坦继续深入研究了亚原子粒子。在1916年夏天，爱因斯坦在休息之余详细阐述了为什么当我们用泵浦光源照射电子时，那些不太容易从“较高”能级轨道向原子核附近轨道上跃迁的电子有时会被激发。当泵浦光使电子向低能级跃迁时，电子就像魔鬼从天堂坠落地狱一样释放出光芒。这有可能会产生一个连锁反应——在这种情况下产生的并不是致命的原子爆炸，而是纯净的、有用的光。

在战时的柏林，爱因斯坦不可能制造出一台能让这个过程持续运作的机器。但是，这种通过受激辐射来放大光（Light Amplification by Stimulated Emission of Radiation）——英语首字母的缩写是“Laser”（激光）——的机理终将被同时代的研究人员所理解。在那篇看似随意的文章里，爱因斯坦甚至给出了激光的基本动力过程。这种激光器是当今光纤技术的核心，如果没有这种设备，互联网将不存在。因为不知道电子跃迁会在什么时候发生，所以他引入了概率来描述那些毫无缘由的跃迁。

关键的问题是，所有关于光子、电子、原子核以及其他亚原子粒子的这些想法是否应该符合自伽利略和牛顿以来的科学规律潜在的确定性。爱因斯坦认为它们必须符合，然而他的信念——宇宙是由有秩序的、有逻辑的原则所掌控的，却与最新的研究发现格格不入。例如，爱因斯坦并不喜欢——至少在他早期的结果中——他不能够确定是哪个电子首先脱离原先的轨道而发生跃迁这件事。他在发表的报告中写道：“这一理论的弱点在于它把基础过程的持续时间和方向留给了‘可能性’。”

那时，爱因斯坦并没有因为关于电子跃迁进而释放出光的理论中存在的固有的随机性而感到困扰。因为在许多其他领域里，我们也确实用到了统计平均，如统计法国和德国新兵的身高，或一年中的某个时间段内森林中叶子的颜色。这并不意味着随机性真的普遍存在。我们认为，如果观察得足够仔细，我们将能够追踪导致每个新兵的身高以及每一片叶子呈现出的特别的颜色的一系列原因。人们普遍认为，那种依赖统计结果和概率的途径并不是根本的，而仅仅是我们在无法检验每个特定对象背后详细的因果关系时采用的一个捷径——如果我们能够获取这些因果关系的细节，那么概率将不复存在。

爱因斯坦关于理论中随机性终将被消除的信念，解释了他为什么会把“可能性”加上引号。尽管他知道在计算中谈论各种跃迁的概率是有用的[1]，但骨子里他是一名古典物理学家。他加入引号来表明他的信念——如果我们可以检验所有的细节，毫无疑问我们将会看到每个跃迁都有着简单而精确的原因。爱因斯坦告诉他的朋友贝索:“我们还没有理解这个由不朽的出谜人讲的真实笑话。”

爱因斯坦相信宇宙的伟大谜语可以用符合逻辑的方式来解答。然而，到20世纪20年代中期，涌现出的结果似乎违反了这种预设的清晰性——这就导致爱因斯坦与同时代的物理学家在微观领域蓬勃发展的科学研究方面发生了冲突。

随着亚原子领域的科学研究进入20世纪20年代，越来越多的事实清楚地表明，这个微观领域似乎遵循着让人意想不到的物理学规则。尽管诸如氢原子这样简单的原子遵循着玻尔奠定的物理学运动规则，但是更加复杂的原子——碳原子、金原子、铝原子——拥有的电子则具有完全不同的行为。索末菲等人试图修复以前的理论以使一切按照传统的方式继续运行，例如想象电子并不完全像太阳系中的行星那样围绕原子核在平面内作整齐的圆周运动，而是作椭圆运动，或是绕着原子核在三维空间内作复杂的运动。然而，一切都无济于事。

1924年，爱因斯坦的朋友马克斯·玻恩，来自伟大的德国格丁根大学[2]的教授，

[1] 概率的引入是必要的，因为这是推导普朗克的早已为人熟知的辐射定律的唯一途径。但爱因斯坦坚信这仅仅是权宜之计。玻尔则对概率论表示欢迎，因为在他的原子理论中，跃迁过程永远不能用经典观念来理解。——原注

[2] 又译为哥廷根大学。——编者注

告诉自己最出色的研究生和助教，他厌倦了这些缝缝补补的措施，并且希望找到一个可以彻底解决这个问题的理论。他与爱因斯坦年纪相仿，而且本有可能会排斥与以前所学到的完全不同的新现象。但是，玻恩虽然是一个强势的思想家，却远未达到爱因斯坦的水平，这反而赋予了玻恩一个优势，即他不会像爱因斯坦那样执着于过去取得的成就。对于爱因斯坦来说，传统的方法高效有用。相比之下，对于玻恩来说，选择一个新方法并没有多少损失。

玻恩和他的学生们知道，牛顿已经解决了我们生活的世界上的宏观可见的事物——树木、卫星以及蒸汽机等的运动规律。现在，玻恩认为，现代物理学家是时候对发生“量子”跃迁的微观世界做出同样的事情了。这门崭新的科学——如果它可以被创建起来——将被称为量子力学。

一年后的 1925 年，玻恩最聪明的助教，一位英俊、满头金发、容易高度紧张的名叫维尔纳·海森伯的 24 岁青年，成功地解决了玻恩的问题。海森伯属于德国浪漫主义者；他喜欢与强壮的年轻人一起登山去看梦幻般的日出。海森伯来到了北海的黑尔戈兰岛，在这里干净而大风不停的沙滩上，他可以免受大陆上的花粉病的困扰。经过几个月的工作，他的灵感在一个夜晚集中迸发。

当海森伯完全放弃准确地计算原子内电子如何飞行——是飞越原子核的“北极”作椭圆运动还是遵循某种别的模式——的时候，他成功了。他知道，爱因斯坦，他的英雄，通过简单地思考我们可以测量的事件——例如在下落的电梯中醒来或者观察一块完美无瑕的发射纯粹能量的金属，就获得了相对论伟大的成就，而且并没有尝试去想象它们的运作原理的细节。

现在，为了便于处理，海森伯列出了电子在不同条件下产生的可以观察到的光。这些观察结果随着电子所属的原子受到的泵浦光轰击或者其他方式的扰动而改变。他只需要把输入的内容记录下来，然后记录一下输出的结果，最后找到能将两者联系起来的最简单的数学运算。

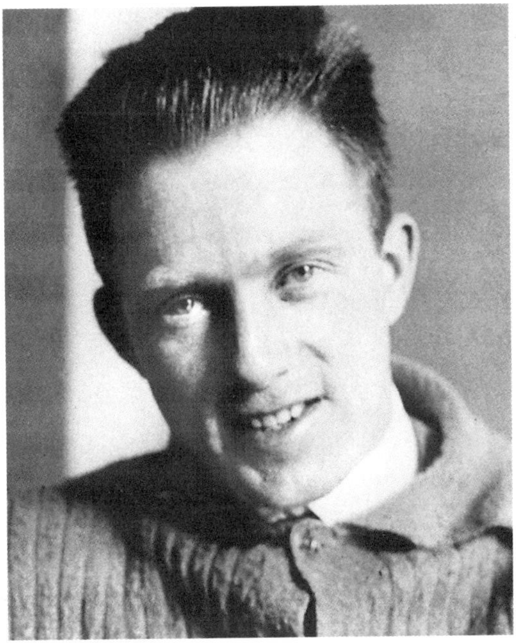

海森伯，1926 年，在黑尔戈兰岛上取得突破成就的一年后

为了对海森伯的工作进行一个非常粗略的类比，我们可以想象在柏林一家广受欢迎的大型剧院内试着记录大量演员在歌剧换幕之间匆忙更换的服装。我们需要弄清楚演员们在下一幕重新登上舞台时的服装是如何对应上一幕的。这里存在着一些清晰可见的模式。观看演出时，人们可能会发现上一幕穿着公主服装的演员在下一幕打扮成农民的模样（例如当故事背景从宫殿转到农村的时候）。这样的分析十分有限，但是在海森伯的新方法中已经足够了。我们没有必要去后台观察仓促的换装过程;所有要做的就是把我们观察到的记录下来，即便对幕后发生的一切全然不知。

海森伯处理问题的整个过程和爱因斯坦在 1916 年研究激光时采用的方法别无二致，都是安排一个光子进入，然后放出另一个光子。我们可以观测整个过程，并且很好地预测前者是如何导致后者的。所以，这正好就像歌剧演员换装——这就是海森伯1925年在黑尔戈兰岛上所作的计算。他可以列出原子内部发生的一系列可能事件，并且据此计算出可见谱线。而原子内部是怎样产生我们所观察到的谱线的——究竟是本质上无法知晓还是由于太过于复杂而无法了解，这个问题并不是海森伯所关心的。

海森伯获得的成就超越了所有的在同一问题上工作的老一辈物理学家。海森伯把记录这些成就的草稿散乱地扔在书桌上（“差不多早上3点钟了。……我兴奋得难以入睡”），徒步走到了黑尔戈兰岛的最南端，爬上了一块深入大海的礁石——正如20年前爱因斯坦和朋友们一起在伯尔尼附近的山上一样，享受着从他脚下延伸开的北海上的日出。严格的因果律在西方取得了数百年的成功。现在，基于猜测“内部”发生的事情并不是我们的职责所在的想法，他仅仅利用外部测量——他认为爱因斯坦也是这样做的——便取得了异常的突破。海森伯的工作被认为标志着量子力学的诞生。

海森伯返回德国后，立刻把自己的结果告诉了大家。他解释道，如果不追踪原子内部的所有细节，我们可以准确地预测原子产生的光谱。自17世纪的伟大的艾萨克·牛顿以来，科学都是基于这样一个假设：原则上我们可以很清楚地观测每个过程。而海森伯似乎在说，事实并非如此。

因为海森伯的结果是如此准确，所以玻恩迅速接受了这套新方法。然而爱因斯坦并没有很快接受。由于和玻恩一家是要好的朋友，所以爱因斯坦小心翼翼地保留自己的观点。他曾在给玻恩的妻子的信里模棱两可地写道：“海森伯-玻恩概念令人窒息且印象深刻。”

爱因斯坦的态度是模棱两可的，因为他虽然反对海森伯抛弃因果律，但是也知道物理学家经常由于固执己见而错失重要发现。例如，1895年，德国人威廉·伦琴发现了X射线现象，拒绝承认这一发现的物理学家很快被证明是错的。但是，科学家同样需要作出自己的判断。例如，1903 年，一位杰出的法国物理学家发现了所谓的 N 射线的奇怪现象，然而两年之后 N 射线被证明是由实验的缺陷造成的，彼时那些曾承认这一现象的物理学家却错了。爱因斯坦对于海森伯的工作并不会给出一个公开的结论。

玻恩怀疑爱因斯坦仅仅是出于礼貌而不作评判。他观察到，爱因斯坦总是向他解释自己所相信的："量子力学的确很强大。但是我的内心告诉我，量子力学不是真实存在的。"爱因斯坦更加坦率地对一位更亲近的朋友说："海森伯下了一个量子力学的蛋。格丁根的那群人相信这个。我不信。"

不久之后，玻恩不得不告诉海森伯，爱因斯坦并没有被说服。海森伯无法接受这个事实。海森伯的朋友们都知道，尽管他一直努力地控制自己，但是当感受到巨大的压力时，他便会处在疯狂的边缘。一个特别明显的表现就是，他会在钢琴上疯狂地弹奏一些原本浪漫的曲调。他喜欢主导的、强大的、洋洋得意的感觉。他关于原子的洞察本应该是属于一生的成就。然而，世界上最受尊敬的思想家却说他的见解是错的。

或许，海森伯决定要做的，如同勒迈特后来也会做的，就是直接与爱因斯坦对话，面对面地把一切解释清楚。

16
当代的不确定性

海森伯并不清楚爱因斯坦有多么反感他在黑尔戈兰岛的那个晚上构想出的理论。

对爱因斯坦来说，概率只意味着我们的理解力存在不足。它只是暂时的过渡，当科学发展到位时，将会被更加清晰的理解代替。毕竟，天王星的运行轨道一直是一个谜题，直到19世纪的天文学家发现原来是未被观测到的海王星在拉扯天王星。还有，感染的谜题也是直到显微镜和其他实验室技术足够成熟后才解开。

爱因斯坦认为，无论外部世界等待被发现的是什么，它都不应该依赖于观察者是谁或者他或她是如何移动的之类的问题。当爱因斯坦在苏黎世的咖啡馆惬意地抽着烟斗，读着书，置周遭繁忙的学生生活于不顾的时候，抑或在伯尔尼属于他和米列娃的第一套公寓内，周旋于孩子和客人之间，悠闲地抽着烟斗，捧着笔记本的时候，他产生了客观实在的想法。在1919年之后，当他声名鹊起，生活稳定的时候，这个想法愈加坚定。所有的事物，比如语言、文化、孩子以及文字，都像倏然掠过，令人迷惑，混乱不堪。然而，这一切都只是表象。经过仔细的研究，我们就会发现这些变化都是那么精准。这也就是爱因斯坦对于发现相对论的确定性感到自豪而且毫不惊讶的原因。

然而，量子力学却与确定性的世界观大相径庭。

爱因斯坦的观点已有很好的先例。荷兰犹太哲学家斯宾诺莎是他心目中的英雄之一。虽然斯宾诺莎生活在300年前，但令爱因斯坦感到安慰的是他也相信“只要付出足够多的努力，终将发现所有的现象都是有因果关联的”。如果斯宾诺莎活得足够久的话，他将看到我们的科技文明精准地找到了他想象的因果联系，并应用了它们来建造我们的城市、火车和飞机。

爱因斯坦如此着迷于因果律，还有一个更深层次的原因。他不相信现有的宗教信条——不相信西奈山上的摩西石碑背后存在神圣的力量，不相信来自加利利的任何智者的复活；但这并不意味着爱因斯坦不信奉宗教。他认为成为无神论者有点儿过于狂妄，他对自然法则中所呈现出来的智慧感到震惊。“这种感觉是（一个科学家）生活和工作的指导原则，”他写道，“只要他能成功地摆脱自私欲望的束缚。”

所以，爱因斯坦智力和精神生活的核心在于这样一个前提：所有的根本实在性都是清晰的、准确的、可理解的。他不会相信宇宙在根本上是不可知的。

在先前关于歌剧演员换装的比喻中，海森伯会相信后台发生的事情本质上是模糊不清的。依爱因斯坦的看法，这是错误的。显而易见的是，每一位演员必定会换下他或她的衣服。通过窥视光线不足的换装区，我们很难看清楚发生的一切，但是演员身着不同的服装出场的事实证明了这一切。爱因斯坦认为，原子内电子的运动方式和演员换装本质上是一样的。

由于海森伯对爱因斯坦的深层次想法知之甚少，他仍觉得自己可以说服这位伟人。1926年初，海森伯受邀在柏林作报告，他知道爱因斯坦将出席此次报告会。报告结束后，他们进行了相关讨论，然后爱因斯坦邀请海森伯到家里作客。他们寒暄了一番——爱因斯坦问到海森伯最喜欢的老师、爱因斯坦十分了解的索末菲的近况，然后海森伯提到了正在困扰他的事情。

海森伯指出，在1916年关于光照射原子的工作中，爱因斯坦并没有试图描述单个原子内部发生的事情，只是描述了输入和输出。海森伯解释道，这和他在黑尔戈兰岛那个伟大的夜晚所做的一模一样。即便如此，海森伯后来回忆道：“令我惊讶的是，爱因斯坦对这一解释并不满意。”

“或许我以前也这样想过，”爱因斯坦回答说，“……但是这总归说不通。”他继续解释说，相对论中可观测的问题与微观世界里可观测的非常不同。1916年的关于光和原子作用的工作——一项用来解释观测到的现象的初步计算——是很基本的。他仍然相信，在这一切之下，电子确实存在着某种确切的运行方式。只是因为目前他拥有的技术有限，无法获取所有的细节，所以他才采用了输入/输出这样的描述方式。这一切在将来会得到明显的改善。

爱因斯坦在熟人面前更加坦率。他从来都是这样。爱因斯坦曾寄宿于他的布拉格德语大学的职位的继任者、后来的亲密朋友菲利普·弗兰克家，其间有一次他礼貌地告诉弗兰克夫人用水“炸”肝是不合适的，并且指出脂肪或者黄油比水拥有更高的沸点，因而能更有效地传递热量。此后，弗兰克一家就把用油炸肉当作“爱因斯坦理论”的一个生动例子。在一次谈话中，弗兰克提出了和海森伯同样的看法：是不是爱因斯坦本人推广了这种只观察外部细节的方法呢？爱因斯坦犀利地回答说：“一个好的笑话不应该重复太多次。”

在写给贝索的信里，爱因斯坦更是表达了对海森伯理论的不屑一顾。海森伯将原子的输入列表转换为可观测的输出列表的详细规则被爱因斯坦宣称为“十足的女巫的乘法表”。爱因斯坦认为这些规则“过于聪明，而且过于复杂而难于反驳其不正确性”。

古板的物理学家的反对意见开始蔓延。爱因斯坦或许是正确的。毕竟，海森伯的理论与大家深信不疑的观点全然相反。要是海森伯在黑尔戈兰岛上得到的关于输入输出的列表仅仅是一个更好的理论解释出现之前的临时的噱头——一个计算上的捷径，该怎么办？

在海森伯和爱因斯坦首次见面期间，局势向着有利于老一辈科学家的方向发展。1926年1月，一位优雅的奥地利研究人员埃尔温·薛定谔发表了一个常规的、经典形式的方程。对于许多人来说，这个方程意味着原子内部的运动不再需要归于不可观察的神秘领域。如果他的方程是正确的，那么量子力学将重新回归到牛顿和爱因斯坦所熟知的遵循严格因果律的物理学领域。如果是这样，薛定谔将会动摇海森伯的坚持——后者认为，只有那种并没有试图用清晰且机械的术语去描述原子内部运动的全新的观点，才可能是准确的。

薛定谔，大约在他 1926 年取得突破性成就的 20 年后

海森伯试图反击。但是，在每次试图战胜薛定谔的争论中，他都失败了。薛定谔比海森伯年长十多岁，并且维也纳人的优越感和平静使得海森伯更加没有底气。（薛定谔的私生活令童子军一样的海森伯无法理解。薛定谔在 1925 年圣诞节期间在阿尔卑斯山上的奢华度假胜地完成了他的方程——陪伴在他身边的是他妻子默

许的诸多情妇中的一员。他需要安静的时候，就在每只耳朵里各放一颗珍珠。）

海森伯陷入了两难的境地——如果你有一项伟大的发现，却没有人相信，那么你接下来将会怎么做？绝望之中，海森伯回归于最初的信念。他因声称试图追踪原子内部电子的明确运动轨迹是徒劳的而受到批评。那么，好，那就是他需要直接面对的。相比于断言无法测量这些电子的行为，海森伯将走得更远；他也终将证明自己的理论。

除了爱因斯坦的轻视和在薛定谔面前的难堪之外，海森伯在过去的人生中还有一个耻辱，这个耻辱一直激励着他前进，并且使他为迎接这次新的挑战作好了准备。在学生时代，海森伯师从于慕尼黑的索末菲，在仅仅 21 岁时参加博士学位的口试——这是获得博士学位前的最后一步。由于索末菲当时是物理学系德高望重的主席，而且海森伯是他最器重的学生，所以所有人都认为口试只是一个过场。但是，在场的慕尼黑教职员中还有一位年长的实验主义者维利·维恩教授。海森伯在口试前曾经选过维恩教授的一门课，但是他几乎完全逃掉了这门课。海森伯从来都不喜欢做实验，不过他知道自己是大学里最聪明的，所以对即将到来的学位授予仪式感到兴奋。一位无恶意的老实验主义者怎么可能会伤害到他？

维恩意识到他不再像以前一样受人尊敬，并且他的历程远比海森伯艰难——他出生于偏远的农村，在一场干旱过后房子不得不被父母变卖以维持生计，他时不时地辍学。同时，维恩相信实验才是科学进步的真正基础。作为理论学家的索末菲现在誉满天下，维恩不能攻击他——他太强大了。然而，索末菲的学生却不一样。

下午 5 点，海森伯走进理论物理学研究所的研讨室参加他的口试，此时维恩就坐在稍微有点儿担心的索末菲的旁边。维恩首先开始发难，问海森伯某个新型电子实验室设备的工作原理。海森伯不知道答案。于是索末菲试图转换话题，提了几个海森伯可以利用自己娴熟的数学知识回答的理论相关的问题。等到海森伯回答结束后，维恩继续礼貌地回到他的问题上：海森伯先生现在能否说出无线电路的工作原理？海森伯试着说清楚，但是失败了，因为他从来就没有学习过这些细节。然后，维恩询问示波器的工作原理。最后，他又问了显微镜的工作原理。

两个小时后，海森伯磕磕绊绊地走出了研讨室，满脸通红，一言不发。他告诉父亲他的物理学生涯结束了。然而，在索末菲的干预下——他给海森伯打出的最高分与维恩打出的不及格的 F 相抵，海森伯最终还是拿到了博士学位。

这一切发生在 1923 年。几年之后，也就是见到爱因斯坦的 1926 年之后，如果有什么事情是海森伯在脑海里反复思考的，那就是如何计算显微镜将它所对准的物体放大了多少，以及整个过程是如何运作的。他可以用这种想法来证明没人能够追踪原子内部电子的精确轨迹。这也是他可以用来反驳薛定谔的很好的方法。“我对薛定谔理论的物理学部分思考得越多，就越排斥这套理论。”海森伯在 1926 年晚些时候向他的好友沃尔夫冈·泡利坦言。在给导师玻尔的信里，他写道：“我有了一个探究借助伽马射线显微镜测定粒子位置的可能性的想法。”现在，他在前人未曾涉足的方向上大步前行。

海森伯推断，如果爱因斯坦真的想看清楚电子，就必须将光照射在原子上或者用某种其他形式的能量来照亮里面的电子。但是，电子是如此之小。如果光照很强烈的话，电子将会被过大的动力推离原来的位置；但是如果光照很弱，我们又不能精确地瞄准以看清楚微小的电子。这就好像，无论你多么小心地用测量仪测量轮胎的气压，你都将不可避免地释放轮胎内的一些气体，以至于测量这种行为本身使得你的测量结果并不准确。

海森伯成功证明了任何超级显微镜都不得不遭遇同样的问题——在不影响电子的情况下观测电子是无法实现的。如果你清晰地观察到了电子的位置，那么你用来观察的光线已经把电子打离了原来的运动轨迹，因此你将无法准确地知晓电子的运动方向。（这是因为光的单个波包在传播中会带来一个明显的动量“冲击”，它非常小，但足以“推动”一个微小的电子。）但是如果你想轻柔地不使电子偏离运动轨迹，那么清晰度将不足以让你知道电子的原始位置。你只能在电子的位置和电子运动的动量这两者之间选择测量，你不能一次就准确地测量两者。对于这两者，你总是会有那么一丁点儿的不确定。

这就是海森伯于 1927 年 2 月发表的著名的不确定性原理的基础。它无可辩驳。它终结了宇宙遵循固有的完美秩序这一延续了几个世纪的信念。它彻底改变了物理学。

然而，爱因斯坦仍然无动于衷。

17
论战玻尔

爱因斯坦与大多数量子物理学家之间的分歧在 1927 年 10 月于布鲁塞尔举办的会议上首次激化。也是在这次会议上，勒迈特强行拉住爱因斯坦讨论宇宙常数 Λ 项。福无双至，祸不单行，爱因斯坦现在要解决两个麻烦，然而解决一个麻烦的努力会使解决另一个麻烦的决心更加坚定。

如果会议在一年前举行，那么爱因斯坦会得到许多同行的支持。在那时，大部分与会者和爱因斯坦对海森伯的想法有相同的反应。在海森伯于 1927 年初利用伽马射线显微镜的想象工作推导出不确定性原理前，物理学家对海森伯的量子宇宙理论是持怀疑态度的。对于海森伯的计算成功地解释了电子如何响应光照这件事，他们和爱因斯坦一样只对计算感到印象深刻，但是不相信现实会如此不清晰，如此模糊地胶着在一起，以至于在最微小的结构上我们不得不永远接受不确定性。

然而，就在会议举办的几个月前，即 1927 年 2 月，不确定性原理夺走了爱因斯坦的多位潜在盟友。大多数物理学家同意，不确定性确实揭示了原子内部的运动规律。他们承认，海森伯是对的——这也意味着爱因斯坦（以及对那位年轻科学家的理论不屑一顾的同行们）是错的。

每个人都想看爱因斯坦将如何应对量子理论学家带来的新挑战，以及将如何捍卫他的传统因果律，因此爱因斯坦收到了担任会议开幕嘉宾的邀请。然而，爱因斯坦拒绝了这一请求。他还不能够告诉所有的欧洲科学家去思考什么，他也没有像能够清晰地阐述广义相对论的细节那样作好准备。他现在仍然处于怀疑、发自内心不相信的状态，“一个来自内心的声音”告诉他世界不是这样运行的。

所以爱因斯坦在开幕报告中只是礼貌地坐在那里，看着玻尔站起来加入论战。步入中年的玻尔已经成为海森伯派系的领导人物。随着年龄增长，玻尔年轻时略显异常的外貌变得更加具有吸引力。他缓慢轻柔的说话方式，以及长时间停顿思考的习惯，赋予他的话语更多威严。

玻尔回顾了欧洲科学家经历的种种变化——此时的美国则相当平静——作为会议的开场。玻尔说道，自从中世纪的经院哲学衰落以来，西方至少有一些将理性赋予物质世界的努力。这种理性是不受束缚的，其结论不需要与教会想要听到的东西相符。这种理性是一种智力的探索，相信人们可以揭示大自然的每一个细节而不管这个过程多么艰巨，需要多长时间。在这种探索的过程中人们理所当然地认为，在现实世界中任何真正存在的东西，任何我们想知晓的细节，终究会被理解。

玻尔认为，眼下的新发现十分明确地击碎了宇宙的确定性。绝对的、经典的因果律是不存在的。我们可能会认为某些事件是先后有序的——例如，用力踢足球，足球将飞向前方，但这只是我们看到的来自大量微观事件的平均结果，而每一个微观事件的发生却是偶然的。当球员的球鞋向前移动时，球鞋上的电子就会接近足球皮革上的电子。这是我们可以看见的，也是我们可以知晓的。但是具体到哪一个电子会排斥另一个电子从而使得足球飞出去，从根本上来说，我们永远也无法完全知道。

玻尔坚持认为，不确定性原理说明了这些亚原子的诡异活动是不可知的。微观世界和我们所熟知的普通的宏观世界确实不尽相同。在这个最小尺度的结构里，混沌和不确定性统治着构成我们身体和星球的电子等粒子的运行。微观层面并不存在完全的清晰。

过了这么多年，爱因斯坦已经十分了解混乱而又睿智的玻尔。当他们于 1920 年在柏林第一次见面时，玻尔就给爱因斯坦带去了丹麦奶酪和黄油，这些东西在遭受英国封锁的柏林非常受欢迎。在哥本哈根的另一次会面中，他们曾进行长谈——诚然，大部分时间爱因斯坦都是等待着，因为玻尔要停下来组织长篇大论，以至于他们在有轨电车上坐过站，远远错过玻尔回家的车站，然后在返程的路上再次错过。他们是两个在各自领域里极度聪明的人，惺惺相惜。爱因斯坦曾在给玻尔的信中说：“在我的生活中，仅仅出现就使我感到高兴的人没有几个，而你就是其中的一个。”爱因斯坦不会在公共场合嘲笑新观点而侮辱他的老朋友。

沉思中的爱因斯坦和玻尔，大概摄于他们的好朋友保罗·埃伦费斯特家中，20 世纪 20 年代后期

只有在主会场之外，在玻尔公开发表完他的意见之后，爱因斯坦才开始他的反击。

玻尔步履缓慢，点燃烟斗里的烟草所花的时间比爱因斯坦还要长。（他总是随身携带一大盒火柴。）他醉心于物理学，并且在某种程度上致力于“尼尔斯·玻尔教授”的事业。玻尔的父母富裕且受人尊敬，通过在父母的人脉伴随下成长获得的自信，他成功地——他尽管外表看上去迟钝，但深谙官僚作风——让嘉士伯基金会资助了他领导的一个哥本哈根的研究机构。通过各种奖学金、基金和出版物，该研究所竭尽全力支持那些玻尔从海森伯和玻恩的结果中提炼出的观点。如果他被证明是错的，结果将十分尴尬。与其说玻尔是新突破的领导者，不如说他更像是一位顺应时代潮流的中年教授。

看起来爱因斯坦仍有可能证明玻尔是错的。爱因斯坦需要做的就是证明存在一台可以违背不确定性原理的机器。如果爱因斯坦成功了，他将证明玻尔对不确定性的支持是竹篮打水一场空。爱因斯坦成功的希望很大。毕竟，爱因斯坦仅仅通过电梯下落的思想实验就非常准确地预测了太阳附近的星光偏折，并且在 1916 年的另一个对他而言微不足道的思想实验里构想了日后产生激光的可放大光的设备。谁敢说爱因斯坦不能解决眼下这个谜题呢？

然而，爱因斯坦和玻尔一样面临很多危机。已经 48 岁的爱因斯坦知道，他已经接近物理学家从提出新想法转变为抵制新想法的年纪了。在年轻的时候，他的新想法确实受到了前辈物理学家的抵制。他对自我的整体定义建立在与之相反的基础之上。他是一个革命者。他独立思考，追求真理，不想受困于和埃尔莎一起居住的柏林公寓中那具有强烈的资产阶级风格的生活，更不想沦陷在和她的某些趋炎附势的朋友的交谈之中。他把阁楼作为自己的避难所；他身穿宽松的毛衣，经常赤脚在屋子周围走动，而不管访客如何看待这样随意的行为；他只受到他理解的宇宙最小的真实结构的限制。

他只需要成功地构想出一台机器即可。这台机器甚至都不需要被制造出来；他只需用语言描述出来，并且向玻尔和海森伯证明它的可行性，就足够了。如果他做到了，他将回到自己所属的地方——在前沿巩固真理，而非不安地死守过去熟悉的教条。另外，他内心深处始终相信，宇宙最深层的结构必定包含了因果律。他对此深信不疑。那么，怎么样来证明自己是正确的呢？

他几乎能够使任何机械设备运转起来，这种能力对他非常有帮助。他具备多年在专利局分析最复杂的设备的经验。这将是他思路的源泉。

海森伯后来回忆起爱因斯坦是如何发起攻击的。海森伯说，当时他们都住在同一家酒店，爱因斯坦有一个习惯，就是在早餐期间告诉其他人他自己设想的他认为能够反驳量子力学的实验方法。在玻尔、爱因斯坦和海森伯一起去会场的途中，他们便着手分析爱因斯坦最新方法背后的假设。海森伯回忆道：

“一天之中，玻尔、泡利和我会频繁地讨论爱因斯坦的方法，这样在晚餐前我们就可以证明他的思想实验和量子力学是一致的，因此并不能用来驳倒量子力学。接着，爱因斯坦不得不承认这一点，但是会在第二天早餐时带来一个全新的思想实验。”每一次，新的思想实验都要比上一个更加复杂，但是每到晚餐前，其他人都会成功地驳倒该思想实验。“这样持续了好几天。”

荷兰的埃伦费斯特，爱因斯坦的好朋友，也参加了1927年的会议，并且在不久后就和他在莱顿的学生们谈论起这次会议。他喜欢听玻尔和爱因斯坦之间的对话。他觉得，爱因斯坦“像一名国际象棋手”，能够不停地想出新的招数。“他就像一台永动机，试图打败不确定性。”与此同时，玻尔“穿过一团哲学的烟雾”，身体前倾，冥思苦想，直到找到能够破解爱因斯坦招数的方法。有些时候，当爱因斯坦提出一个极其复杂的关于量子力学错误性的“证明”时，玻尔会出声地费劲思考，使得埃伦费斯特几乎彻夜不眠，直到玻尔想出爱因斯坦的破绽。

在这次会议上，玻尔和爱因斯坦打成了平手。爱因斯坦没能找到反例来驳倒玻尔，而玻尔也在担忧这套自己坚持的新理论存在缺陷。

返回柏林的路上，爱因斯坦安慰自己这种争论并不是后辈与前辈之争，并不是所有的年轻物理学家都站在海森伯一边，而只有老一辈选择支持爱因斯坦。在去往巴黎的旅途中，路易·德布罗意陪伴着爱因斯坦。德布罗意是一位比爱因斯坦年轻十多岁的举止庄严的法国物理学家，做出了奠定量子力学背后基本原理的基础性工作，但是和爱因斯坦一样对量子力学持有怀疑态度。德布罗意也认为，海森伯的解释只是一个临时步骤，最终我们会找到支配我们所见一切的确定性核心。（德布罗意对爱因斯坦的感恩有一定的私人原因，因为爱因斯坦确保他的包含那些想法的博士论文通过了。）

根据海森伯等人提出的量子力学得到的计算结果相当准确，虽然爱因斯坦和德布罗意都同意这一点，但爱因斯坦重复道："我相信统计方法的局限性只是暂时的。"在巴黎北站的站台上，两人沉浸在长谈之中，最后依依不舍地道别。爱因斯坦再一次重复他的观点，而德布罗意非常赞成。当德布罗意离开时，爱因斯坦在他身后喊道："加油！你在正确的轨道上！"

然而，在1927年会议之后的两年之内，爱因斯坦开始看到支持他的一方人数越来越少。同时，越来越多的实验证据表明量子力学是成立的。德布罗意本人仅仅坚持到1928年，之后便加入了玻尔、海森伯等人的阵营。这正在成为一种趋势。很快会获得诺贝尔奖的来自奥地利的薛定谔是仍站在爱因斯坦一方的少数科学家之一。

到了1929年，尽管爱因斯坦的支持者不断减少，但他仍有充分的理由更加自信。他是一个十分谦逊的人，他清楚自己的天赋并不像大众认为的那样卓越不凡。苏黎世的格罗斯曼、格丁根的玻恩，还有其他很多人都具有很强的数学功底。如果说爱因斯坦具有很强的物理学直觉，那它来自他接受到的独特的家庭教育——基于他父亲和叔叔赖以获得收入的电灯、发电机和所有嗡嗡作响的设备的坚实的实在性，他能够以足够开放的态度批判地对待收到的意见。隐藏在他直觉背后的也可能是来自他祖辈的逐渐被他遗忘的宗教信仰，特别是假定一定存在秩序和确定性，并且在某些特定时刻它们可以被我们幸运地窥见。他得益于这些，也知道他能够透过表面现象看清本质，而这些本质很久以后才能被实验主义者验证。

爱因斯坦的质能方程 $E=mc^2$ 几乎被所有人接受了。[1] 此外还有更好的消息。在 1927 年的会议期间，尽管有勒迈特的坚持，爱因斯坦很可能还是认为在他的另一个伟大的方程里添加宇宙常数 Λ 项是必要的——天文学家是对的，必须放弃那个超级纯粹的方程 G=T，而他对直觉的坚定信念是错的。但是就在 1929 年，哈勃和赫马森发表的最新成果表明，爱因斯坦漂亮的原始方程才是正确的。

对于爱因斯坦来说，哈勃和赫马森的发现改变了一切。他们用超大的 100 英寸望远镜发现的结果，即宇宙常数 Λ 项是多余的，证明了爱因斯坦原先的直觉也是正确的，也就是他 1915 年关于“事物”改变空间几何结构而且被改变的空间几何结构反过来引导“事物”的看法是绝对地、百分之百地正确。实验结果以及全世界天文学家所作的假设曾经都指向别处，如果爱因斯坦能够坚持自己的观点，那么他终将证明自己是对的。

显然，他相信，这一次他能够坚持到自己被证明是正确的。他已经对宇宙从根本上是可知的这一信念深信不疑。关于宇宙常数 Λ 项的经历，不仅表明他原来的直觉是有道理的，而且坚定了他的信心。

不可否认，这样很危险。英国散文家麦考利曾经准确地（如果不是出于谦虚的话）评价说，自己有着出色的写作风格，但离糟糕的风格也很近。他警告说，绝大部分他的读者都不应当试图模仿他的风格，因为只要出现一丁点儿偏差，他们就会完全失败。爱因斯坦冒着类似的风险。他坚信自己的直觉，这让他成了现代最伟

[1] 4 年之后的 1933 年，美国物理学家肯尼思·班布里奇使用灵敏的质谱仪进行实验，才提供了正式的实验证明。——原注

大的科学家。然而，只抱有这一种方法又意味着他的自信很容易过度而变为教条主义。此外，他在考虑这些问题时比以往任何时候都不受限制。在苏黎世的大学时期他必须遵循先人的最佳智慧，在和格罗斯曼合作的那些年里他必须遵从好友非凡的数学才能，但是现在他发现自己摆脱了这些限制——大大地摆脱了。

当然，除非爱因斯坦确实是对的。然而目前无人知晓答案。

世界顶级的物理学家每隔几年才会聚集在布鲁塞尔一次。1927 年的会议以平局结束，因此，当下一次的会议在 1930 年 10 月举行，所有目光都聚焦在爱因斯坦和玻尔身上。他们两个是这一时代的智力巨人。这一次还会发生像上一次会议那样的智力碰撞吗?

爱因斯坦知道，这一次会议是他拉拢物理学家们——特别是他长时间以来认同的年轻一代物理学家们的最后机会。然而在 1930 年的会议上，他和上次会议时一样，只是静静地坐在主会场上，然后再一次在全体会议之外，私下抛出反对玻尔的意见。在此期间，玻尔一直提心吊胆。

玻尔知道大战一触即发，但是他应该如何应对呢?他只能希望新生的量子力学可以强大到足以经受任何考验。海森伯也这样鼓励自己。就像赛前的象棋高手们一样，海森伯、玻尔以及其他人尽力准备好了所有的防守方案。

而爱因斯坦也一定在柏林的书房或是乡间别墅里一边抽着烟斗，一边花费了很长时间来准备，因为他提出的想法困难得超乎想象。

量子力学的核心是海森伯的不确定性原理，这个原理限制了我们在微观层面希望能看到的细节。而没有这些细节，我们将永远不能确定接下来会发生什么。海森伯首先提出了这个原理，认为不能同时精确地测量一个粒子的动量和位置。正如后来的诺贝尔奖得主泡利所说，这就好像我们用左眼观察物体的动量，用右眼来观察它的位置，但我们睁开双眼观察时却会看到模糊一片。

先前尝试绕过海森伯不确定性原理的努力失败的原因和试图用轮胎压力表准确读数失败的原因一模一样——测量的行为会放出轮胎内的一些空气，从而改变要测量的轮胎内的压力。爱因斯坦的新想法是后退，从远处测量“轮胎”——不采用任何类型的仪表或其他会干扰它的设备。

爱因斯坦的方法类似于简单地给轮胎称重而非测量轮胎内跑出的空气。爱因斯坦想出了一个可以实现他的想法的办法，因为最新的工作证明了海森伯的不确定性原理同样也适用于同时测量粒子的能量和拥有此能量的时间。这个关于不确定性原理的最新发现使得爱因斯坦能够对其进行最有力的攻击。

为了布鲁塞尔会议上崭新的思想实验，爱因斯坦构想出了一台足以令他在专利局的老上司哈勒尔先生骄傲的设备。爱因斯坦和玻尔步出主会场之后，他让玻尔想象一个装有放射性物质——比如一团光粒子或者光子的盒子。盒子上有一个很小的快门，它由一台非常精准的时钟控制。整个设备放置在天平上，便于称重。当时钟到达某一特定时刻，快门开启，放出一个光子，然后关闭。盒子在放出光子前后都被称重了，所以我们可以确定地知晓质量的损失。

这样一来，我们可以通过天平知道失去的光子的能量有多少（因为质量和能量是等价的）。同样，我们可以通过时钟知晓光子跑出来的时间。如果海森伯的不确定性原理是正确的话，那么这永远不会发生。因为不像轮胎压力表的测量会影响精度，这里的时钟和天平之间没有任何联系，因而互不影响，所以海森伯的观点是不成立的。确定性是可能的。经典的因果关系世界得到了拯救。

玻尔知道自己比大多数人思考得慢，因而想得更深。他一般来说至少会感觉到问题的解决方法可能是什么样。然而，对于爱因斯坦的装有光子的盒子，他却毫无头绪。光子通过快门跑出来。时钟记录着时间。天平的刻度移动。时钟和天平这两者又相距甚远。

这一切怎么样才能和海森伯的不确定性兼容呢？

爱因斯坦的思想实验难倒了玻尔。他们同时代的一个人回忆说："(玻尔)非常沮丧，整个晚上从一个人面前走到另一个人面前，试图说服他们这是不可能的，但是他想不出反驳的理由。我永远也不会忘记两个对手离开大学俱乐部时的情景：爱因斯坦以胜利者的姿态带着微微嘲讽的笑容，步履从容，而玻尔则在他身边一路小跑，极为不安。"

这是爱因斯坦最后的荣耀时刻。玻尔几乎彻夜未眠——毫无疑问，他肯定拉

1930年布鲁塞尔会议期间的爱因斯坦和玻尔，埃伦费斯特拍摄，大概拍摄于爱因斯坦提出盒子时钟实验并且玻尔还未来得及分析的那一天

上了一群研究生或者不幸刚好在他身边的随便什么人一起讨论，试图找到答案。海森伯曾经描述过玻尔对问题的专注程度：“即使苦苦挣扎了几个小时，他也不会放弃。”此时玻尔就是这样。

到了早晨，玻尔终于找到了答案。在快门打开并且光子跑出后，盒子的质量会下降。但此时正在测量盒子的重量。这意味着盒子必须在一个天平上面。在光子飞出盒子时，天平会略微上升——程度非常轻微，但还是会发生。这意味着它在地球的引力场中略微升高了一点儿。根据爱因斯坦自己的相对论，时间在不同的引力场中是按照不同的速度流逝的。

玻尔勾勒了大致的计算过程。住在酒店的所有人——玻尔、海森伯，可能还有埃伦费斯特以及其他一些人都看出事情的发展方向之后，爱因斯坦也帮着补充了一些计算上的细节。经过共同努力，爱因斯坦和玻尔最终宣布，由微弱的引力变化产生的称重不确定性与海森伯不确定性原理的预测正好相当。

爱因斯坦忽视了自己的相对论，而玻尔反而利用相对论击碎了爱因斯坦试图捍卫因果律的最后努力。这是一个毁灭性的打击。一个令爱因斯坦更加痛苦的事实是这一切是由他自己发明的工具造成的，而且它的含义再清楚不过了。在 1916 年，爱因斯坦曾假设，通过概率来描述光子如何在诸如激光器原型之类的设备内运行只是一个临时的办法，随着科学的进步和知识的增加，概率必定会被抛掷在一边。现在，这个梦想破灭了。

海森伯对结果感到非常高兴。当他看到爱因斯坦最后的堡垒崩塌时，他写道：“我们……知道我们现在可以确信我们所依赖的基础。……量子力学的新解释不能够轻易地被推翻。”

玻尔则更加谦虚，但他有礼貌的、低沉的咕哝清晰地表明：他赢了，而爱因斯坦则输了。

插曲 4

音乐和必然性

爱因斯坦再也没有参加类似的会议，也不再试图在公开的争论场合反驳玻尔或海森伯了。然而，他并没有改变自己的信念。他仍然相信错的是世界上的实验主义者，他们的实验结果并不完整。

像往常一样，他从音乐中寻求安慰。爱因斯坦喜欢很多古典音乐作品，尽管他对大部分作曲家持有异议。“我总觉得，”他写道，“韩德尔的作品很好，甚至完美，但是他本人却有一点儿肤浅。”舒伯特也没有达到他的要求。“舒伯特是我最喜欢的作曲家之一，因为他有着表达情感的超凡能力和谱写旋律的无穷灵感。”爱因斯坦承认，“但是我不喜欢的是他的大型作品缺乏建筑感。”

其他作曲家也不完美。爱因斯坦写道：“舒曼的小型作品很吸引我，因为它们富有原创性和充沛的感情，但我无法在其中充分享受到形式上的伟大。……我认为德彪西的作品色彩斑斓，不过（同样）缺乏结构性。”总而言之，他写道：“我不能为那种作品投入过多的热情。”

其他伟大的作曲家是否在其作品中表现出了爱因斯坦想要的宏观统一性呢？只有巴赫和莫扎特做到了这一点。这两位作曲家在某种程度上超越了其他人。“我说不出（谁）对我而言更重要。”他写道，但他可以肯定的是这两人无人能敌。例如，贝多芬是最有可能达到顶级水平的，爱因斯坦虽然认为他很强大，但也觉得他

“太戏剧化和个性化”。他的作品在处理感情方面有点儿随意，因为人类的感情依赖于我们的身体和个人经历。然而，莫扎特超越了个人感情，他的音乐“如此纯净，就好像存在于宇宙中的某个地方，等待人们去发现”。莫扎特的作品显得更加有“必要”，能够让我们看到远远超越了任何个人经历中随机事件的柏拉图的真理领域。

爱因斯坦在巴赫和莫扎特的音乐里寻找到的，正是他在别处未曾经历的。在他的情感生活中，在他的婚姻里，尤其是在他的婚外情中，爱因斯坦没有发现永恒和确定的东西。对于确定性的梦想和对于真理的追求像梦魇一样纠缠着他，感情方面的失败也让他深受伤害。

在多封信件里，他回顾了他以前的各种工作在表面上是如何证明他的美丽的梦想可以实现的。他于1905年提出的质能方程 $E=mc^2$ 表明宇宙中存在确定性，因为这个方程详细地描述了质量和能量是如何相互转化的。他于1915年提出的方程 G=T 的重要意义同样不言而喻。质量扭曲周围的空间，而弯曲的空间又会引导质量。在如此清晰的方程之下，怎么会有任何随机的可能性发生？任何人都无法忽视方程 G=T 的简洁性。“真正理解它的人，没有几个能够逃脱这个理论的魅力。”在柏林完成这一方程的那晚，爱因斯坦疲惫而又欣慰地写道。同时，他自己也深陷其中。

虽然在1917年到1929年之间，爱因斯坦自己确实怀疑过方程 G=T 的简洁性——当时宇宙常数 Λ 项的错误依然存在，但最终他的怀疑被证明是多余的。此外，爱因斯坦虽然在1930年的布鲁塞尔会议上感受到了失败的耻辱，但也深深注意到，时代一次又一次地验证了他的其他理论，这反过来坚定了他关于宇宙固有确定性的信念。通过安装在加利福尼亚山脉上的巨型望远镜，赫马森测量了遥远的星系，并且发现数以亿计的星星正远离我们而去。毫无争议的是这恰好是简洁的方程 G=T 所预测的现象。这样的支持有助于解释为什么在1930年会议结束差不多10年后，爱因斯坦依旧自信地告诉他的亲密助手：“当我评价一个理论的时候，我会问自己，如果我是上帝，我是否会以这样的方式来安排整个世界。”

爱因斯坦对于自己判断宇宙结构的能力的信心是强大的，但是也存在着潜在的危险。一位伟人得到的尊重越多，他就越容易看不清现实——这正是爱因斯坦现在的状况，而且是他在年轻时必然不希望出现的。

爱因斯坦的老朋友索洛文是一个热情的罗马尼亚人，他是第一个回应爱因斯坦在伯尔尼发布的开设数学和物理学私人课程广告的人。爱因斯坦曾经为他作了一幅画，来阐释在他的认识中创造力是如何运作的。我们的认识来自周遭的现实，爱因斯坦写道，也就是经验世界——我们得到普通感受的地方。在想象力的爆发中，思想家就可以将基本原理上升到更加一般的原理。然后，为了确保这些原理是正确的，我们必须从这些原理出发得到一些详细的推断，并且通过检验这些推断来判定原理是否符合经验世界。

爱因斯坦正是按照这样的步骤来处理他的质能方程 $E=mc^2$ 的——他作出理论预测后，随即提出可以通过巴黎的居里夫妇所使用的镭盐来检验。这同样也是他处理广义相对论的步骤——通过坠落房间的思想实验的非凡想象力来构造一个清晰而抽象的理论，然后从理论中得到详细的可被检验的结论，就像被爱丁顿于 1919 年日食期间证实的空间弯曲的结论。

虽然爱因斯坦经常说这样是合理的，但他也越来越多地闪现出自相矛盾的念头。他在 1938 年写给一个老同事的信中说：“我一开始相信怀疑论经验主义。……但引力问题使我……开始在数学的简洁美中寻找获得真理的可靠渠道。”随着工作的进行，爱因斯坦愈加忽视他原先采用的更多依赖经验的方法。“（量子力学）说了很多，”他写道，“但并没有带我们靠近上帝的秘密。无论如何，我相信他不掷骰子。”上帝是按理性的方案来设计宇宙的，他对此深信不疑。实验结果是不能够反驳这一点的。

布鲁塞尔会议上发生的一切显然并没有让爱因斯坦改变主意。如果有的话，他的整个信仰系统就崩塌了。但是当他说出“上帝不会掷骰子”时，玻尔有力地反驳道：“爱因斯坦，不用告诉上帝该怎么做！”这两人持有完全不同的观点——不仅在对于宇宙运行原理的认识上，而且在他们各自分辨上帝的神圣职能的能力上。

他们之中只能有一个人是对的。

VI

终曲

爱因斯坦，20 世纪 50 年代初期，普林斯顿

18
逃离

到了1950年，也就是在最后一届布鲁塞尔会议结束20年后，玻尔的哥本哈根研究所成了世界物理学研究的中心。尽管玻尔在1930年的会议上战胜了爱因斯坦，但这个高大的丹麦人成功抵制住了教条主义的诱惑。他广纳贤才，吸引了一批聪明的新生力量。来自哈佛大学、加州理工学院和剑桥大学的年轻人，在研究生阶段或者毕业后，都热衷于前往哥本哈根呆上一两年，渴望感受激荡人心的气氛，期待与令人尊敬的、平易近人的玻尔教授分享一下想法。和玻尔谈话需要集中注意力，因为玻尔不管说什么语言总带着浓浓的丹麦口音。然而这无关紧要。研究所里聪明的年轻人来自世界各地，所以他们兴高采烈地把研究所的官方语言定为“蹩脚的英语”。

玻尔成了自己国家的英雄。第二次世界大战爆发后，他在德军占领丹麦的头几年里维持着研究所的运转，一直到1943年——他的犹太血统和政治影响力使得他呆在丹麦越久就越危险——才在英国皇家空军的护送下从瑞典秘密撤离。撤离过程中，身材高大又过于礼貌的玻尔差点儿在飞行途中死掉。他被藏在炸弹舱中，在出现问题时只能通过一个麦克风与飞行员沟通。当氧气供应出现故障——面罩与他的头不匹配，飞行员像之前一样并不理解他的咕哝和礼貌的喘气声，玻尔渐渐失去了知觉。直到飞行员意识到安静得有些出奇，将飞机下降到空气稠密的大气层时，获得了足以维持呼吸的氧气的玻尔才苏醒过来。

在协助曼哈顿计划制造原子弹的过程中，玻尔曾试图警告丘吉尔和罗斯福核武器可能带来的危险，但是没有成功。他建议提前进行一次演示试验或者为了核武器的国际控制而进行协约，但无济于事。美国在战争的最后几天向广岛和长崎投掷了原子弹后，世界第一次在公开场合见证这些可怕武器的力量，而这些武器归根到底是根据爱因斯坦的理论，在玻尔和众人的努力下诞生的。

正如他曾经说过的，玻尔认为我们应该同时成为“生活这出戏剧的观众和演员”。在他周到的妻子的支持下，他开明的思想，以及丹麦提供的安全保障，让他在政治和科学方面分别成功地成了旁观者和参与者，同时他也一直遵循着欧洲最崇高的理想。他不仅在冲突中毫发无损，而且还奠定了自己的公众地位。

德国物理学家海森伯在战争中的行为就不太一样。较世俗的物理学家有时会嘲笑他多年来参与青年团体的乡村漫步。但是，这些漫步并不像它们看起来那样无关痛痒。越来越多的参与者认为，这是亲近祖国的土地并帮助保护祖国的领土不受犹太人和外国人等外人侵犯的一种方式。虽然海森伯确实曾经试图支持被革职的具有犹太血统的同事，但他随后还是欣然地接受了新的纳粹德国技术部门的领导职位。在那里，他可以领导全新的研究小组，控制大量的经费预算，构想可以帮助德国永远战胜敌人的神奇武器。

在战争中的某一个时间，当身着黑衣的纳粹党卫军军官就在不远处时，海森伯甚至冲进玻尔的哥本哈根研究所，非常有把握地向玻尔解释，未来一定会站在德国一边，虽然当时德国还处于崛起时期。玻尔当时还在那里，对此深感震惊。事实上，他已经开始打包研究所的财物以防被德军掠夺，比如隐藏两名犹太成员的诺贝尔奖奖章。（根据当时德国的法律，偷窃犹太人的东西是合法的，并且如果犹太人试图保留他们的财产，比如把奖章运到国外，他们或任何帮助他们的人都有可能被逮捕并遭受严刑拷打。）自曼彻斯特求学时期就成为玻尔好友的德海韦西当时也在哥本哈根，他想出了一个巧妙的方法来隐藏这些奖章。他们把富有光泽的金质奖章浸泡在硝酸和盐酸的混合液体里，溶解得到的毫不引人注意的棕色渣滓被存放在架子上，直到战争结束。

海森伯的老师玻恩由于是犹太人而不能像他的学生那样顺利渡过战争的难关；他不得不逃离了德国。在 1930 年会议期间，海森伯参与的青年团体的声势就已经变得越来越浩大。在宁静的格丁根大学城，甚至大约三分之一的成年人在当年的选举中将票投给了纳粹党。一个特别活跃的学生小组开始查阅洗礼记录和城镇登记记录，来确定哪些教授是犹太人。犹太教授的详细名单被拟定出来，并且出现了《德国大学中的犹太影响力，卷Ⅰ：格丁根大学》。就在几年后，这类名单成了死亡名单。

玻恩的处境愈加艰难，特别是当他寻求帮助而几乎所有的同事都拒绝了的时候。最终，玻恩逃到了苏格兰，在那里成了慈爱的老师，教育了几代学生。（他的女儿嫁给了一个英国人并且随了丈夫的姓——牛顿-约翰，后来定居在澳大利亚，他们的孩子中一个叫奥利维娅的女孩后来成了成功的歌手和演员。）他能逃走是很幸运的，因为随着纳粹德国的崛起，知识分子和其他著名的犹太人感受到了特别明显的人身威胁。

1933 年，当玻恩还在德国时，希特勒完全控制了国会，而且大量支持纳粹的学生可以肆无忌惮地殴打犹太人。玻恩的女儿在街上也受到了威胁。随后，也就是 5 月 10 日那一天，发生了中世纪以后无法想象的一幕：全国上下，包括古老的大学城里，发生了大规模的焚书事件。

最大的焚书人群聚集在柏林歌剧院附近的广场上。学生们狂热地从图书馆或者私人住宅收集了大量图书。宣传部长戈培尔在午夜时候到达了广场，开始作全国广播演讲："德国的女士们、先生们！……你们在铲除邪恶力量的这次午夜行动中做得非常好！"戈培尔的摄影师站在一旁，时刻准备捕捉可以向全国展示的照片：

火焰前的愉悦、人群中的狂喜。而格丁根的学生团体也在同一晚进行了焚烧活动。

爱因斯坦的书伴随着巨大的欢呼声被丢进火里，因为他是所有犹太知识分子中最有名的，而且他代表了自由主义和理性探究精神，这一切都与新国家所宣扬的东西格格不入。“犹太知性主义的时代结束了！”戈培尔在柏林广场向全国宣布。未来将发生什么已经很清楚了。

1932年的晚些时候，也就是在他的书籍被广场上聚集的人群焚烧的前一年，爱因斯坦和埃尔莎搬到了柏林外的乡间别墅。在那里埃尔莎曾经深受爱因斯坦有外遇这件事折磨，也曾经享受散步、采蘑菇和家庭聚餐的乐趣。现在，他们不得不整理好爱因斯坦的文章和她最重要的财物。远在加利福尼亚州帕萨迪纳的加州理工学院给爱因斯坦提供了一个职位，与此同时，位于新泽西州的普林斯顿大学高等研究院提供了一个待遇更加优厚的职位。

埃尔莎很会阅人，但是却看不清她的国家正在发生着什么。当爱因斯坦受邀担任短期任职的讲师时，埃尔莎曾经和他去过美国，短暂访问或者住了较长一段时间。这一次还会像往常一样吗？

爱因斯坦摇摇头。她不能理解。“四处看看吧，”他坚定地说道，“这将是你最后一次看到这场景了。”

在爱因斯坦和埃尔莎离开家园之后，在焚书活动发生后的第二年，暴徒们闯了进来，肆意破坏着被憎恨的教授遗留下的财产。埃尔莎在后来才发觉这一切。那时，埃尔莎还在比利时，在启航去往美国之前一直与丈夫得到武装保护。

19

普林斯顿时期的孤立

从 1933 年到 1955 年，爱因斯坦在普林斯顿度过了余生。当时的普林斯顿还远未发展成现在这样一个成熟的、平等的乐土。爱因斯坦第一次到达时，那里几乎没有天主教徒，更没有几个犹太人，不允许黑人教书或者接受教育。尽管普林斯顿大学带给大多数教职工的声望远不及他们在当时著名的苏黎世、柏林、牛津等世界一流科学家做出重要成果的圣地所能享有的，他们倒是非常看重自己。教职工派对尤其滑稽可笑，甚至埃尔莎的一些社会上的朋友有时候都觉得一些教授过于摆架子了——他们让新泽西的蓝领工人穿上制服作为仆人，持着精美的托盘，弓着身子提供香槟。在给比利时的一位朋友的信里，爱因斯坦对整个环境的描述是“古怪的、讲究礼节的村庄，全是趾高气扬的被神化了的人”。

新泽西小镇上的普通村民则更加和善。当知道杰出的美国黑人女歌手玛丽安·安德森被当地的一家旅馆拒绝入住时，爱因斯坦邀请她留宿在自己家里，并且发现不少邻居对此并不排斥，而且还悄悄地支持他的行为。他们喜欢这个友善的欧洲人。在普林斯顿的第一天，爱因斯坦走进一家冰激凌店，他觉得别人一时很难理解自己蹩脚的英语，所以向站在诱人的冰激凌设备前的一个实习生打了个响指，然后指了一下自己。为他制作香草冰激凌甜筒的女服务员后来告诉记者，这是她一生中最重要的时刻之一。然后，爱因斯坦走出冰激凌店，买了一份报纸，报纸上报道了美国记者正在四处打探他的下落（为了避免声张，他乘坐拖船直接从远洋游轮抵达曼哈顿的一个码头，然后火速离开码头赶往普林斯顿）。这更加增添了他的个人魅力。

一段时间之后，他开始辅导邻居家孩子的数学；圣诞节的时候，他出去和合唱队一起演奏小提琴；他为了度假消遣甚至买了一艘17英尺长的小船，郑重地为其取名为Tinnef（意第绪语“一块垃圾”），并像以前一样心满意足地乘着小船随意漂荡数小时。他和埃尔莎仍然没有太多爱意，但是还是在那片满是“飞蛇”[1]的土地上维持着舒适的生活。当埃尔莎遭受眼疾和肾脏问题的折磨时，她在给一位朋友的信中说：“他对我的疾病感到很不安。……我从不知道他是如此爱我。我很欣慰。”

物质生活算得上很舒适了——即使在柏林，爱因斯坦家里也没有冰箱，而这边似乎家家都拥有一台冰箱。早晨能够轻易地泡上他很喜欢的热水澡，这令他满意。另外，在新泽西的乡间，双面煎的鸡蛋十分便宜，这是爱因斯坦喜欢的早餐。爱因斯坦写信告诉他的老朋友玻恩：“我愉快地在这里定居了。我现在就像一头冬眠的熊，没有比这里更像家的地方了。”

但是，爱因斯坦在其他方面也冬眠了。他曾经微妙地穿行于固执和灵活之间，但现在变得越来越保守。在他看来，别无选择。甚至在来到美国的几年后，他仍旧说：“我还是不相信上帝会掷骰子。因为，如果他想这样做，他就会完全这样做，并且不会依照任何模式。这样的话，我们就完全没有寻找自然规律的必要了。”

仍在欧洲的朋友们恳求他重新考虑一下他的立场。每一项新的发现都站在海森伯和玻恩的亚原子解释这一边，没有一项证据有利于爱因斯坦。研究结果表明，科学家可以在更精细的结构上研究这个世界，但是本质上不会得到确定性和决定论，相反，只会得到模糊的、不确定的——我们从宏观尺度看来不可能发生的

[1] 即蚊子，参见第14章。——编者注

行为。

爱因斯坦坚持认为这些发现只是暂时的，终有一天将会不可避免地被推翻。在把自己同那些有说服力的数据隔离开的同时——他发现那些数据在他看来令人厌恶，也认为宇宙常数 Λ 项的插曲让自己有充分的理由忽略那些数据——他也把自己同自己所追寻的智力往来隔离开了。虽然普林斯顿的教职工大部分很自大，但仍然有一些研究人员可以和爱因斯坦进行正式的合作研究，就像玻尔在哥本哈根所做的一样。

例如，距离爱因斯坦所在的高等研究院只有几个街区远的地方，坐落着普林斯顿的物理学系主楼，那时那里正在进行着后来被称为量子隧穿的工作。在一堵墙前面放置一个电子，根据经典物理学，电子除了可能摆动一下，会几乎原地不动。然而，根据海森伯不确定性原理的演绎，测量电子的速度必然使得电子处于不确定的位置，因为任何测量电子速度的措施都会影响对其位置的精确测量。这就意味着，尽管电子有一定的概率呆在墙前面，但是在下一次观察时也有一定的概率出现在墙的另一边。

假如这个量子效应在我们习惯的宏观层面上足够显著，那么每个人都有能力穿墙而过——不管是金属墙还是石头墙。薄薄的金属墙相对容易穿过，伦敦国王十字火车站的墙壁稍微难穿一点儿，而瞬间穿过马特峰则更加危险。上述讨论的这些问题都与穿过的障碍物没有关系。如果量子隧穿的法则适用于这样的尺度，那么，一开始你会出现在障碍物的一边，下一刻，你有可能立即出现在障碍物的另一边。

直觉告诉爱因斯坦，这是不可能的。然而，根据海森伯、玻尔、玻恩所领导的研究人员收集来的数据，这确实发生在我们所处的现实世界里。普林斯顿物理学系进行这项工作的研究人员非常崇拜爱因斯坦，并且非常希望能有机会和爱因斯坦合作。他们的研究最终推动了目前所有手机和电子设备内部都要用到的晶体管的诞生。但是，爱因斯坦无法说服自己接受量子力学的奇怪结果。量子隧穿的研究和晶体管革命在没有他参与的情况下快速发展。

爱因斯坦的个人经历促使他发现了相对论，但是却不能让他接受不确定性。现在，他像许多名人一样，声名远扬，经济独立，远离好友，因而没有什么力量能够推动他重新思考了。

在五十多岁的时候，爱因斯坦开始在他所谓的统一场论上投入越来越多的精力。维多利亚时代伟大的科学家们已经成功地把已知的众多能量形式统一了起来，并归纳出能量守恒的概念，即所有形式的能量——不管是气体爆炸产生的还是开关车门产生的——都是互相联系的，既不能凭空产生，也不会凭空湮灭，只会被转移。1905 年，爱因斯坦通过方程 $E=mc^2$ 进一步证明，不仅所有形式的能量，而且所有形式的质量也是互相联系的。1915 年，他利用方程 $G=T$ 进一步证明，空间几何结构和所有“事物”内部的质量与能量也是互相联系的。

爱因斯坦极大地推动了物理学的发展，这一点无人能敌。但是，如果他能够更上一层楼，证明电场本身只是重力和空间几何结构的另一种表现形式呢？那将是划时代的成就，也有助于向他的批评者证明在更广泛的领域内存在着清晰的因果联系。

这也是他建立统一场论背后的目的，然而，他的固执再次成为他的绊脚石。

爱因斯坦在苏黎世读本科期间，他的老师韦伯教授就曾对他说：“爱因斯坦，你是一个非常非常聪明的孩子。但是，你有一个致命的缺点——你听不进任何人的意见。”那时候，爱因斯坦的固执还远算不上是致命的弱点，反而是他的一个长处，因为此时韦伯死死抱着 19 世纪中期的物理学，爱因斯坦需要通过反抗像韦伯这样的老师来实现突破。但是现在，随着年龄渐长，固执的性情使他的处境开始恶化。

在与量子力学的最新发现分道扬镳的过程中，爱因斯坦也使自己错过了发现原子内部新粒子的世纪性突破。任何一个统一场论必须吸纳这些新发现，否则就不可能成功。曾经的爱因斯坦注意过这一点；事实上，之前他总会在论文的结尾呼吁通过新的实验证据来判断他的理论。现在，爱因斯坦不再呼吁用实验来检验他的理论，并且他的统一场论与大多数研究人员的研究工作相隔甚远，根本不可能验证。他不再回应新的研究成果，不再提出新的实验细节。统一场论逐渐成为一个白日梦。

爱因斯坦的固执己见已经不再是英雄的自信行为了，而是不合理的顽固不化。然而，他这样坚定的决心保持了一天又一天，一直坚持了几乎 20 年。

现在，爱因斯坦大部分时候都是独自工作，抑或仅和一些聪明但是极端听话的研究生助理合作，这让他远离了最新的分析工具，因而使他的努力变得越发无意义。一位年轻的访客进入他楼上的书房，发现他的工作台上布满的文章竟然还在使用格罗斯曼在 20 世纪初教给他的那套实用记号。在 20 世纪 40 年代和 50 年代，物理学家正在采用一套崭新的形式来呈现核物理学领域的工作成果。但是，爱因斯坦不愿意放弃那套曾帮助他创造奇迹的老旧工具。

这对爱因斯坦而言是个悲剧，因为他的智力还很强大。在普林斯顿的几年里，他曾把统一场论的工作搁置一旁，回到纯粹的对相对论的研究，阐述了一个被称为引力透镜的宏伟结构：整个星系会强烈地扭曲周围的一切，以至于它们背后远处的星系发出的光——从我们的角度来看这些光应该完全被遮挡住了——可以被观测到，因为扭曲作用使光绕过了遮挡的天体。这个想法是如此惊世骇俗，以至于几乎完全被忽视了。

与此同时，爱因斯坦竭尽全力向量子力学发起了最后的挑战。1935 年，他和两位年轻的同事合作写了一篇文章，试图证明量子力学的预测是不正确的。在这篇文章里，他提出了现在被称为量子纠缠的概念。根据量子力学承认的规则，这一概念意味着如果一个粒子分裂成两个粒子且这两个粒子快速地移动到相距很远的地方——比如一个粒子到达，甚至越过太阳系边缘，那么在一个粒子上做实验会立刻改变另一个粒子拥有的某些属性。

在爱因斯坦看来，相隔遥远的粒子能够瞬时地相互关联的这种怪异行为表明玻尔和海森伯等人的观点是错误的——显而易见，根据他们的理论得到的这种骇人的推论意味着整件事都是不稳定的。这并没有说服新一代的科学家改变观点，于是爱因斯坦彻底放弃了。争论是没有用的。虽然他还会时不时地批评一下量子理论，但是他再也不会发起一场声势浩大的反击了。

爱因斯坦的大儿子汉斯于 1937 年移居到了美国。他们之间曾经紧张的关系已经缓和了，爱因斯坦常常去南卡罗来纳州与汉斯小聚，汉斯在那里研究水利工程问题和河流沉积物。他们会去森林里散步，谈论汉斯的工作。爱因斯坦表现得很开明，当汉斯最终在伯克利担任教授时，他记得父亲依旧热爱谈论与新发明和巧妙的数学题相关的话题。但是，当话题转向量子力学时，爱因斯坦就会沉默不语；他的观点已经固化。

在 20 世纪 30 年代中期的某段时间，爱因斯坦曾有机会改变他孤立的状态。那时候，他一直与奥地利的物理学家薛定谔保持着联系。薛定谔虽然处在量子革命的中心，但也是少数和爱因斯坦一样质疑量子力学概率诠释的人。两人对生活同样持有某种放荡不羁的态度。（“在牛津只有一个妻子陪伴简直糟糕透了，”薛定谔的传记作家谈到薛定谔在那里做客座讲师时的想法，“要是有两个妻子陪伴将妙不可言哪。”）他们确实惺惺相惜。“你是我最亲密的兄弟，”爱因斯坦写道，“你和我的思维方式非常接近。”

更妙的是，薛定谔甚至跟进了爱因斯坦在 1935 年发表的质疑量子力学的文章，构想出了一个思想实验，旨在证明量子纠缠（这是薛定谔发明的术语）是何等荒谬。基于与爱因斯坦通信中的想法，薛定谔提出了非常著名的情景：一只猫被困在一个密闭的盒子里，同时盒内的毒药是否被释放取决于盒内的放射性物质是否会释放出一个粒子。有一半的概率盒子里的猫会死掉，然而，唯一确定知道猫生死的方法就是打开盒子。那么在打开盒子之前，猫是活的还是死的？

这个实验现在俗称“薛定谔的猫”，通常被用来说明量子力学的奇怪但真实的本质。然而，它在很长时间内却是被爱因斯坦用来批评整个量子体系的。薛定谔模仿爱因斯坦的风格，用想象力对量子力学发起了一场猛烈的攻击。

爱因斯坦和薛定谔因此有成为合作伙伴的趋势，甚至一度似乎有机会更加紧密地合作。尽管薛定谔不是犹太人，但是他讨厌纳粹，并且已经让物理学界的所有人都知道，他很乐意渡过大西洋到普林斯顿任职。如果这种情况发生了，那么薛定谔和爱因斯坦必定会合作。这样一来，爱因斯坦对量子力学的误解就有可能被澄清，尽管考虑到他的个性，想使他像薛定谔那样最终改变态度难于上青天。虽然量子力学并不是完全随机的——诸如不确定性等原理还是非常精确的，但是它的确定性在本质上还远未达到爱因斯坦坚持要求的那种程度。

然而，爱因斯坦和薛定谔在一起可能取得的成就永远不会被人知晓了，因为时任高等研究院主任的亚伯拉罕·弗莱克斯纳在这一点上并不支持爱因斯坦，尽管这与量子力学无关。弗莱克斯纳一边支付给爱因斯坦很高的薪酬，一边尽力控制着这位学术明星的吸引力。

在爱因斯坦初来普林斯顿时，弗莱克斯纳便筛选、过滤寄给爱因斯坦的信件，有一次甚至拒绝了访问白宫的邀请，因为他认为这会使得爱因斯坦无心工作。这对于爱因斯坦来说是无法忍受的，不仅因为他讨厌别人高人一等（他在一封罕见的简慢的信里写道，这种“干涉……有自尊的人都无法忍受”），而且也因为弗莱克斯纳的干预限制了对他而言特别重要的一项活动。

在帮助难民逃离在欧洲日益强大的纳粹势力的威胁方面，爱因斯坦表现得非常积极。他用很大一部分收入来为普通家庭的美国签证付费；他为无数普通职员——并不限于精英阶层——写了推荐信，以便他们能够在美国找到工作；他游说高层改变政策，以便他的欧洲同事能够顺利移民美国。他一想到被剥夺了对美国政府最高层说明难民情况的机会，就觉得无法容忍。

当发现弗莱克斯纳的所作所为时，爱因斯坦写信给当时的美国总统富兰克林·罗斯福，并且最终成功和罗斯福在白宫共进晚餐。像许多受过高等教育的美国人一样，罗斯福掌握了一定水平的德语，可以和以德语为母语的爱因斯坦进行对话了。除了谈论欧洲的局势，他们还谈到了两人都热爱的帆船运动，最后，爱因斯坦在白宫呆了一晚。

爱因斯坦提到了他的难民同胞的情况，然后离开了白宫，但是也在无意之中破坏了他最后一次在物理学同行中修复名声的绝佳机会。因为自己的掌控受到质疑，弗莱克斯纳十分生气，当知道薛定谔对爱因斯坦而言十分重要时，他破坏了薛定谔转到普林斯顿的所有机会。薛定谔最终留在了都柏林，一直到爱因斯坦去世。

即使在 20 世纪 30 年代偏远的都柏林这样一个正在极力从英国脱离的新国家里相对贫穷的城市，薛定谔也做到了爱因斯坦所不能做到的事情。他愉快地承认，他提出了他最强的质疑观点，而玻尔和其他人也给出了令人满意的答案，因此他会接受他的直觉错了的事实。随后，他把自己的旧想法放到一边，转向探索生命结构的方向，进行了富有洞察力的工作，启发了自 20 世纪 40 年代开始的 DNA（脱氧核糖核酸）研究革命。

这与过去曾给予爱因斯坦灵感的那种投身新方向的转变非常类似。而现在如果爱因斯坦能够承认错误，或者不那么固执，转向新方向有可能重振他的事业。但是，他似乎无法做到这一点。失去了薛定谔的帮助，再加上不能够发起对量子理论的新一轮的有效反击，爱因斯坦逐渐滑向科学的边缘。

爱因斯坦知道他被大家抛弃了。尽管大众媒体依旧兴奋地报道着他的工作，但是处于工作状态中的物理学家们却都鄙视这些报道，正如身在瑞士的尖锐的泡利的评论：“爱因斯坦再一次在公共场合评论了量子力学。……众所周知，每次他这样做，对量子力学而言都是一场灾难。”普林斯顿研究院的另一位物理学家记得，科学家之间流传着“最好不要和爱因斯坦合作”的言论。当爱因斯坦写的一篇文章被与德国著名的《物理学杂志》旗鼓相当的美国杂志《物理评论》拒稿后，他被边缘化的程度清晰得令人痛苦。尽管爱因斯坦不是那种依赖名气的人，但拒稿这种情况还从未发生在他身上。

他假装对失败和被拒稿都无所谓：“我的形象通常被看作僵化的。我觉得这种角色不讨厌，因为它很契合我的气质。”但是，他现在很难跟上全部的物理学前沿发展，与其说他在忍受自己无所事事的屈辱，不如说他干脆放弃了他人正在进行的物理学研究。

1939 年，在玻尔访问普林斯顿的两个月内，爱因斯坦脱离物理学发展的情况变得尤其明显。曾经的两人是多么熟悉的智力伙伴（“仅仅出现就使我感到高兴的人没有几个”），但是，现在的爱因斯坦几乎竭力避免碰到玻尔——不参加玻尔的报告，不参与玻尔热爱的长途散步，甚至避开了有可能使两人见面的部门的茶歇。在研讨会结束后玻尔找爱因斯坦讨论时，爱因斯坦只是平淡地回应着。一位与会者记得，“玻尔对此很不高兴”。

但是爱因斯坦有什么选择呢？他们是属于同一时代的人，此时玻尔仍处在世界级研究的中心。因此，只有避开玻尔，爱因斯坦才能保持他的尊严。

然而，避开玻尔意味着爱因斯坦更加脱离了最新的发展——如果他乐意听取，这些发展成果将有可能推动他的统一场工作。更加令人畅想又惋惜的是，如果爱因斯坦参与到这些发展中，他将有可能在寻求量子力学的真相上作出巨大贡献。但是这些发展和他擦肩而过——或者说是他错过了它们。

20
落幕

在心爱的物理学领域之外，爱因斯坦试着享受生活。他给雕塑家当模特，结交圣洁的神学家马丁·布贝尔（他们都喜欢阅读埃勒里·奎因的侦探小说），在杰出的歌手安德森到普林斯顿时邀请她到家里作客。他独自一人的时候，会长时间坐在钢琴前即兴弹奏。当他养的名叫“老虎”的猫因为被暴风雨困在屋里而萎靡不振时，根据爱因斯坦秘书的记录，他是这样安慰猫咪的：“好伙计，我知道下雨不好，但我不知道如何让它停下来。”

埃尔莎于1936年去世，而多年没有见面的前妻米列娃也于1948年去世。每一次失去亲人的打击都比他料想的要大。米列娃的去世是一出悲剧。依靠爱因斯坦的诺贝尔奖奖金，她在苏黎世过着体面舒适的生活；她平时会辅导学生她所热爱的音乐和数学。但是，他们居住在瑞士的小儿子爱德华不幸在年轻的时候被诊断出患有精神分裂症。他多次进入精神病院接受治疗；大部分时候，他都很安静，并且满足于心不在焉地弹奏钢琴——家人的朋友都说这是他和父亲的诸多相似之处之一，但是偶尔他会陷入狂暴状态而变得十分暴力。一次，爱德华的病发作了，米列娃就陪伴在他的身边，有可能两人发生了冲突，从而导致米列娃摔倒在地上。3个月后，她死在了医院里。

爱因斯坦的妹妹马娅在二战前也移居到了普林斯顿，当时她的婚姻已经破裂了。（爱因斯坦在瑞士读高中期间认识的温特勒一家再次出现——温特勒夫妇的女儿玛丽曾是他的第一位心上人，他的好朋友贝索娶了他们的另一个女儿，而马娅嫁给了他们的一个儿子。）在给妹妹马娅读书的时间里，爱因斯坦偶尔会选择《堂吉诃德》，但更多时候会选择他们共同喜爱的作家陀思妥耶夫斯基的作品，特别是《卡拉马佐夫兄弟》这部作品——其中的角色不断探索，试图理解一位遥远的神。虽然书中的兄弟之一伊万认为不可能认识造物主（“这样的问题完全不适合一个习惯了三维空间的人来回答”），但是陀思妥耶夫斯基却不这样认为，而爱因斯坦对作者的这个信念十分着迷。

在马娅于1951年去世的时候，爱因斯坦长时间呆坐在空荡荡的屋子的后门廊中。当继女玛戈出来安慰他时，他告诉她：“我无比想念她。”在普林斯顿炎热的夏天里，他继续呆坐在那里，不时指向天空。他喃喃自语道：“观察大自然。只有这样，你才能更好地理解它。”他知道，根据狭义相对论，从某种角度来说，在宇宙中的某个地方，他的妹妹还没死。但是他也知道，他永远无法到达那个地方。

岁月不饶人。1952年，来自茱莉亚弦乐四重奏的年轻成员到爱因斯坦的家中拜访了他，并且为他演奏了贝多芬、巴托克以及他最喜爱的作曲家之一莫扎特的作品。当被邀请加入时，他提议演奏莫扎特的G小调弦乐五重奏作品，然后他们一起完成了演奏。尽管此时他的手指已经僵硬且生疏，但是这部作品他很熟悉。一名成员还记得，“爱因斯坦几乎不需要看乐谱。……他的协调性、乐感和注意力都很棒”。

对于这位年老的伟大思想家来说，自我怀疑也渐渐袭来，黑暗开始侵袭他的内心。有时候，他不确定关于统一场论的努力是否会奏效。有一次他写道，感觉自己就像是“在一艘飞艇中，可以在云中巡航，但是却看不清回到现实——也就是地球——的路”。还有一次，他向一位他喜欢的数学助手坦言，他尽管还能够像以前一样提出新想法，但有时会担心他正在失去对于有价值想法的准确判断。然而，更常见的是，他会耸耸肩告诉别人，他坚信未来的科学发展会追上他的理论工作——像历史上反复发生过的一样。毕竟，牛顿忽视了自己对重力瞬时作用的质疑，因此错失了爱因斯坦在1915年取得的突破。关于宇宙常数Λ项的经历则向爱因斯坦证明了坚持他相信是正确的东西的价值。而现在，虽然量子理论能够准确地描述某些事件，他还是抱有量子力学只是迈向有待发现的更伟大物理学的中间一步的希望。

在1955年初，与他交情最久的朋友，温和的贝索也去世了。在半个多世纪之前，爱因斯坦就曾告诉米列娃："我非常喜欢他，因为他头脑敏锐，内心朴素。我也喜欢安娜，更喜欢他们的孩子。"那个小男孩韦罗此时已接近60岁了。爱因斯坦在写给他和贝索妹妹的信中谈到了贝索，表达了他是多么喜欢和崇拜贝索，并且补充道："我们在苏黎世的学生时代建立了友谊的根基，那会儿我们定期参加音乐晚会。……后来我们又在专利局重聚。下班一起回家路上的谈话是多么令人难忘啊。"然后是我们之前就见到过的来自爱因斯坦的评论："如今他比我先走了一步，离开了这个奇怪的世界。但这并不代表什么。因为对于我们这些相信物理学的人来说，过去、现在、未来之间的差别只是一种幻觉，不管这种幻觉有多持久。"

那时候，爱因斯坦已经75岁了，而且疾病缠身。医生解释道他的心脏发出的一根大动脉长了一个动脉瘤，它会在无法预估的时间破裂。虽然进行手术是可能的，但是这一领域相关的医疗知识当时很贫乏，而且即使爱因斯坦能够挺过手术，医生也不能确保完全治好他。

爱因斯坦不愿冒手术的风险而选择了放弃手术，继续他的统一场论工作，同时还不断发表公开声明，警告说不受约束的核武器可以毁灭地球上的所有人。他试图要坚忍。"人类在想到自己生命的终点时感到恐惧很正常。"他承认，"……虽然害怕死亡很愚蠢，但谁也无能为力。"他对自己的病情感到焦虑，而毫无疑问的是他也很想知道科学最终能否验证他独自努力的结果。

1955年4月初，爱因斯坦的心脏病病情恶化了。他的医生解释说动脉瘤正在破裂。起初这个过程会很慢，随后会突然加快。医生劝他进行手术，但爱因斯坦很固执。“人为地延长寿命毫无意义。我已经完成我的使命了。”爱因斯坦确实询问过医生他会经历什么，比如痛苦有多“可怕”，然而他们无法给他确切的答案。唯一能做的只有通过注射吗啡来缓解一下病痛。

到4月15日周五，他感到非常痛苦，因此被送到了普林斯顿医院。当继女玛戈赶到医院时，她几乎没有认出他，因为他苍白的脸因痛苦而扭曲。即使这样，“他还是像往常一样。”她回忆道。“他和我开起了玩笑，……并且就像等待即将来临的自然现象一样等待着死亡。”他的大儿子也从伯克利飞了过来——当时他在那里担任工程学教授。在和汉斯的谈话中，爱因斯坦提及了他的方程——创造一个统一场论把所有已知形式的力以一种清晰可预测的方式统一起来的又一次努力。他轻声说道:“要是我有足够多的数学知识就好了。”

很快，他感觉好了一些，甚至要人拿来他的眼镜，还有笔和他的论文，以继续他的计算。但在随后的4月18日周一凌晨，动脉瘤破裂了。

孤独的他很快因出血而走到了生命的尽头。他呼叫了护士，当她到达后，他在她耳边嘀咕着。然而她不懂德语，因此并不知道这位老人在临终时说了什么。

后记

大约在 1904 年的某一天，贝索的儿子韦罗那时还是小孩子，韦罗父亲的一位朋友给他制作了一只很漂亮的风筝。然后，他们三人带着风筝，朝着伯尔尼南边的一座小山，走向乡间田野。在山脚下，一个大人放起了风筝，在风筝升空后便把风筝线交到了小韦罗手上。

许多年后韦罗仍然清楚地记得家人的这位朋友，因为这个人“总是心情很好，他风趣快乐，更重要的是他知道很多事情”。韦罗永远不能忘怀的是制作风筝的爱因斯坦先生甚至可以解释它的飞行原理。

爱因斯坦是一个拥有无法被满足的好奇心并且极度友善的人。像普通人一样，他也有自己的缺点，而他的杰出成就放大了他的缺点。但是他的动机很纯粹。如果说他的职业生涯末期是悲惨的，那么其原因是他被困在对过去教训的错误解读中了。

在量子力学方面，他曾幻想着历史可以帮他挽回局面，但是事与愿违。在 20 世纪 50 年代和 60 年代，研究人员发明了一些方法以检验爱因斯坦关于量子力学的信念，即量子力学只是通向一个未来的确定理论的临时步骤，而未来的理论将不存在他所厌恶的随机性，并且能够为宇宙是如何运转的提供一个更加符合逻辑的、有序的解释。20 世纪 80 年代，科学家们进行了这些检验，结果表明海森伯和玻尔等人是正确的——不确定性原理牢不可破。世界并不是按照爱因斯坦所想的那样按照确定的方式运作。唯一确定的——至少在原子和亚原子水平上——是一定的随机性。

随着时间的推移，爱因斯坦自己反驳量子理论的努力会反过来驳斥他自己。甚至他与别人在1935年合著的证明量子力学允许相距甚远的粒子“奇迹般地”纠缠在一起的论文，也只是加强了现在业已接受的观点。这些纠缠的粒子实际上已经被创造出来了，并且在21世纪的今天被用于制造第一代量子计算机。

然而，在众多重要的领域，爱因斯坦的方法和发现已经被完全肯定，甚至有时候不被认为是他的“发现”——它们本来就是“存在”的。我们对于光子、激光、低温物理学，当然还有相对论的基本理解，都直接源于爱因斯坦在伯尔尼、苏黎世和柏林写的论文。总的来说，在影响我们的生活和加深我们对宇宙的理解方面，爱因斯坦的成就只有牛顿的可以媲美。

虽然爱因斯坦寻找统一场论的努力失败了，但是后来的许多研究人员还是深受这位伟大人物多年努力的启发。例如，爱因斯坦无果而终的追求启发了史蒂文·温伯格和其他人的工作——他们成功地统一了电磁场和原子内的弱力，而这项成就让他们获得了诺贝尔奖。

在本书用方程G=T来代表的广义相对论方面，爱因斯坦的工作则与现代一些最惊人的发现有关。他关于引力透镜的洞察确实证明，当我们观测遥远的星系团时，我们应该能够看到星系团背后的一些东西。那种光线的偏转正是爱丁顿在他1919年拍摄的光线在太阳附近弯曲的照片里所测量到的。

星系团的质量越大，它们周围的空间就被弯曲得越厉害，而引力透镜也就越强大。今天我们用这种方法估计星系团的质量——用非正式的语言来说就是给它们“称重”。结果令人吃惊，我们意识到我们所认为的填充宇宙的恒星和行星等天体只占这些星系团所包含的质量的一小部分。宇宙中的大部分存在是我们完全看不见的，是什么构成了这些也是我们完全不清楚的。爱因斯坦的工作使我们发现的这些看不见的“东西”被称为暗物质，是当前研究的主要课题之一。

然而，关于方程 G=T 的一切并非都发展得如此美好。关于宇宙常数 Λ 项，最大的讽刺出现了。爱因斯坦一直不愿意把这个多余的项放进他 1915 年的伟大方程里，尽管它能有效地提供一个向外抵消重力的斥力。当哈勃和赫马森在 1929 年似乎证明宇宙以一个稳定的速度膨胀时，爱因斯坦很高兴，因为不需要这个额外的 Λ 项了。但是从 20 世纪 90 年代开始，新的研究证据表明，无意之中，爱因斯坦添加 Λ 项可能是正确的。宇宙不仅在向外膨胀，而且某种东西促使它以更快的速度膨胀。[1] 这种巨大的斥力已经被命名为暗能量，恰好可以用修正的 Λ 项解释。这些如果成立，就意味着在某种程度上爱因斯坦认为是错误的东西事实上并不是错误的，那么所有来自这个错误的固执都是不必要的。现在关于新的、改进的宇宙常数的研究因为对爱因斯坦工作的影响以及与新兴的物理学子领域的联系而显得非常有意义。

这些只是保守的发现。我们所看到的和我们认为自己所了解的一切，包括地球上所有的大陆和海洋，以及所有的行星和恒星，只占了宇宙的一小部分。暗物质大概占了全部存在的 25%；而暗能量则占了大约 70%。我们所知道的整个世界只是一种看不见的巨大存在的表面上的 5%。暗能量的部分使修正爱因斯坦 1915 年的工作的 Λ 项变得必要。暗物质则不同，在很大程度上可以被看作他仍然有效的方程里插入的另一个“质量”项。

爱因斯坦独自思考了人类可以感知多大的浩瀚宇宙。1914 年，他在给他的朋友赞格的信中说：“自然只向我们展示了狮子的尾巴，但我毫不怀疑尾巴的后面是一头雄狮，尽管它因为太大而不能直接呈现在我们面前。”潜在的真相是难以察觉的。或许有一天，另一位像爱因斯坦一样的天才会成功地避免傲慢的错误，向我们展示这个庞然大物。

[1] 两个研究小组在 1998 年相继公布了相关的研究结果（公布时间相隔几周），并因这些工作而获得了 2011 年诺贝尔物理学奖。——原注

致谢

写本书第一稿的时候，我感觉好像缪斯在讲故事，但是我的朋友们开玩笑说，如果是缪斯在口述，那么奇怪的是这个故事有这么多冗杂的短语和众多的枯燥重复有待精简。尚达·巴勒斯、理查德·科恩、蒂姆·哈福德、理查德·佩尔蒂埃、加布丽埃勒·沃克、帕特里克·沃尔什以及安德鲁·赖特带着极大的热情迫不及待地投入进来完成了这项工作。

在他们轻微地（实际上是粗暴地）修改文稿的同时，迈克尔·赫希尔为正文制备了插图，而马克·诺德也为网络版本的附录作了插图。曾经有一刻，一大段经过编辑的文档莫名其妙地消失了，卡丽·普利特奇迹般地成功恢复了它们；当问题再次出现时，来自伦敦摄政街苹果产品专营店的尤里提供了帮助。阿瑟·米勒和詹姆斯·斯卡吉尔指出了我的一些错误（他们对我后来添加的任何可能的错误不负有责任）。在纽约，亚历山大·利特菲尔德阅读了整部手稿，并且在最后期限临近时临危不乱地作出了大量鼓舞人心的修改。之后，他的团队的其他成员加入进来，我很高兴能得到他们的帮助，他们是：贝丝·伯利·富勒、娜奥米·吉布斯、洛丽·格莱泽、玛莎·肯尼迪、斯蒂芬妮·金、艾莎·米尔扎，还有在遥远的新罕布什尔州进行编辑工作的芭芭拉·亚特科拉。蒂姆·怀廷在伦敦提供了极好的建议和支持，同时我也要感谢伊恩·亨特、琳达·西尔弗曼、杰克·史密斯以及波普伊·斯廷普森。

一些牛津的学生对我在这个项目上的原创想法很有帮助，因为他们听了我在

“智识工具”讲座里初次尝试的一些最终呈现在本书中的想法。回想20世纪70年代中期，我有幸受教于昌德拉塞卡——他和这个故事中的许多重要人物一起工作过。（他是在本书插曲Ⅱ的开头故事中与卢瑟福和爱丁顿坐在一起的年轻嘉宾。）我高兴地记得，20世纪70年代末，在巴黎的一个漫长的下午，我和德布罗意在一起，他对量子力学创建的那些日子仍然记忆犹新。

如果做了多年单身爸爸之后的我没有遇到克莱尔，就不会有这本书。在我们第一次见面之后我等待了漫长的8天，然后向她求婚了，她把一根手指放在我的嘴唇上，然后低语：“我当然愿意。”难以想象，缘妙不可言！

我之前一直没有勇气尝试完成这本书，直到现在才有信心向前迈进。当我开始的时候，马克·赫斯特向我巧妙地展示了如何使故事聚焦，而总是鼓舞人心的弗洛伊德·伍德罗则告诉我如何保持专注。

在我逐章写作本书时，我的孩子萨姆和索菲会每周——有时每天——收到更新的手稿，甚至有一次（对不起，孩子们）每隔一小时收到我书稿的详细进展。他们相信这个故事需要被讲出来，这是我写作本书的最大动力。

我把本书献给萨姆，因为在他小的时候，生日礼物和新电脑游戏这些重要的东西对于平常人还是遥不可及的，我会解释说，如果我们可以乘坐爱因斯坦的火箭，那么我们可以在短短的几分钟时间内到达那些未来的日子。他相信这些，这令我非常高兴。如果人们能够创造出这种可以让我们穿越时间的设备，那些创造者必定属于他们那一代人，而不是我这一代。而且，如果那一代人能够避免那曾经击倒爱因斯坦的傲慢，我会很欣慰。

附录

面向非专业人士的相对论指南

本书前文自成体系，但在这个附录中，你可以更深入地了解相对论的原理。跳过这部分并不会给读者在对这本书的理解方面造成太多的影响。你如果想获得更深入的信息，可以从我的个人网站上下载更全面的介绍。

时间为什么会弯曲：金刚的例子

1908年，在德国科隆的一次演讲中，爱因斯坦的老师闵可夫斯基教授首次指出时间与空间一样也会发生弯曲。他在思考爱因斯坦1905年的工作时注意到“爱因斯坦（关于狭义相对论）的叙述在数学上很拙劣”。他说：“我可以这么说，因为在苏黎世的时候他的数学是我教的。”

为了扩展爱因斯坦的工作，闵可夫斯基想象了这样一个图景：设想空间是一个水平平面，而时间则是从平面上伸出来的一个垂直轴。就像一张大桌子上有一个纺锤或烛台从中间升起。每个人都习惯于把空间和时间看成毫不相关的，而这正是闵可夫斯基想要改变的。这对他来说是有意义的，因为“我们感知的对象总是位置和时间的组合；没有人在意没有时间的位置，或者没有位置的时间”。

闵可夫斯基声明，应该抛弃那种普通位置与时间相互独立的描述方式，选用一个叫做“事件”的统一体。为了描述所有可能事件的混合的“时空”，我们只需要列出4个数字。

这听起来很抽象，但我们一直都这么做。假设在1933年春天的一个清爽的晚上，你的曾祖父漫步在纽约街头，看到一个巨大的毛茸茸的怪物出现在1,400英尺高的帝国大厦的顶端。他想通知新闻记者，于是找到了一个电话机并拨通了纽约《先驱论坛报》的号码，他可能会这样说：“它……它……在帝国大厦的顶端，哦天哪，我现在看到了！”但是，如果他和《先驱论坛报》的记者都理解闵可夫斯基的符号简写规则的话，他可以更高效地说：“第5大道，第33街，1,400英尺高，晚上8:30！”如果他们都理解曼哈顿的地理网格系统，他可能会更快更简单地说：“5，33，1,400，8:30！”该报的摄影师们将确切地知道该往何处去——第5大道第33街的拐角处，在1,400英尺高的塔尖上，至少在晚上8:30，他们在那里将会发现该市身体最庞大的居民。

但是，想象一下金刚在公众面前有点儿害羞，它穿过曼哈顿中部去往锃亮的克莱斯勒大厦的顶端。它手里捧着金发女演员，开始滑行到那个更安全的避难所。如果你的曾祖父看到了这一幕并且手中有电话，他可以告诉他的报社联系人变化后的坐标。滑行开始后5秒，他可能会喊“5，35，1,380，8:30:05”；再过5秒，可能喊“5，36，1,340，8:30:10”；以此类推。这些数字会一直变化，直到金刚到达第42街稍低点儿的克莱斯勒大厦的顶端。

按照闵可夫斯基的意思，每一个不同的事件——时空中每一个不同的位置——可以用4个数字来表示。如果想要列出宇宙中所有可能发生的事件，则需要一本巨大的书，其中写出了所有过去或未来的事件。在1908年的演讲中，闵可夫斯基开玩笑地表示这项任务是多么的冒昧：“用这支最勇敢的粉笔，我可以（把所有的坐标）写在黑板上。”这很像许多信徒想象的他们的上帝能够做到的。但这并不能阻止他发现，如何才能做到这一点。

现在来思考我们的主题。前 3 个数字（描述空间位置的数字）发生的改变一定与第 4 个数字（描述时间的数字）相联系吗？如果是这样的话，那么空间将不会与时间分开，每一个数字都必须考虑进来以充分描述正在发生的事情。

为了回答这个问题，闵可夫斯基考虑了如何计算两个事件之间的距离。对于你的曾祖父来说，开始事件（金刚在帝国大厦顶上）和第二事件（金刚已经登上了比帝国大厦低 300 英尺的克莱斯勒大厦）之间的距离会像这样："3 条大道，8 条大街，300 英尺，2 分钟。"但请记住，相对于你运动的物体，其时间流逝的速率与你的不同。这一点是关键。虽然金刚在你的曾祖父面前滑过曼哈顿时速度不会特别快，但它所经历的时间与你的曾祖父经历的整整 2 分钟相比还是有一个非常微小的缩短。

（为什么时间会这样变化？是这样的，假设你的一个朋友在你附近的一辆静止的车上拍球，球上上下下地弹跳。显然，在球的运动距离方面，你和她的观点是一致的。现在让她乘车前进，而你留在路边看。她会看到她拍的球继续在她身边笔直地上下移动。但是对你来说前进的汽车上的球走的路程更长。）

（现在假设她不是在拍球而是让一束光来回反射。你们会看到它以相同的速度行进 [因为爱因斯坦已经证明，光就是这样传播的]。奇怪的地方就在这里。她会看到在她车上光经过较短的距离。你会看到，光以同样的速度移动——光速是不变的——却走过更长的距离。）

（怎样解释光速不变而光走过两个不同的距离呢？爱因斯坦意识到，唯一的答案是，如果你看到运动的车里的时间慢下来，那么就会有更长的时间让光束走更长的距离。相对于你移动的任何物体都会经历这种情况，无论是汽车、火箭飞船，还是那只想象中高速滑行的大猩猩。）

如果我们设想物体运动的速度更快，效果就会更明显。假设金刚由于害怕《先驱论坛报》记者的疾驰而来的车而不呆在克莱斯勒大厦上，在晚上 8 点 32 分和它的女伴跳到一个火箭飞船上绕银河系走了一遭，他们回到克莱斯勒大厦顶端时，你记下的时间为 2017 年 2 月 8 日。你匆忙赶过来，穿过密集的摄影师和新闻工作者，来到这个巨型怪兽和它的女伴身边。你问他们是否会帮助你确定他们穿越时空的距离以便进行闵可夫斯基计算。

他们点头答应，给你看他们仔细记录下来的旅行日志。你看完后抬起头，感到非常困惑。对你来说，很明显，所谓的“距离”指的是上一次有人看到金刚在克莱斯勒大厦顶端的事件和今天的事件之间的间隔。前一个事件发生在 1933 年 3 月 2 日晚上 8 点 32 分，现在你站在同一个地方，所以两者之间的差值是“0 大道,0 大街，0 高度，83.9 年”。但金刚记录的时间则短了许多，这是由于它在遥远的地方高速旅行时时间发生了扭曲。

这是一个深奥的问题。不同的人经常进入不同的时间“轨道”。不仅仅是你和假想中长途旅行的金刚在测量两个事件之间的距离时意见不一致，我们所有人都以不同的速度行进。如果观察得足够仔细的话，我们都会对两个事件之间的间隔产生分歧。

寻找穿越时空的路

这似乎有点儿混乱，就好像我们生活在一个完全没有联系的宇宙中，我们每个人都在不同的世界里，毫无规律地相互碰撞。但闵可夫斯基指出，虽然空间和时间按照上一节中描述的事件之间的简单减法计算时并不吻合，但在另一种方式下它们却相辅相成。任意两个事件之间都有一种新的距离——他将其命名为“间隔”，它对于以任何速度运动的个体都是一致的。虽然你的空间和时间可能不同于我的，但闵可夫斯基发现，奇妙的 x^2-c^2t^2 总是会给我们带来同样的结果。(在这里，c 是光速，t 是两个事件之间的时间差，x 是两个事件之间的空间距离。我的个人网站上对此有详细的阐述。x^2-c^2t^2 描述了一条双曲线，因此我们可以提供一些几何图来帮助人们理解。)

爱因斯坦起初反对这种融合，称闵可夫斯基的工作“多此一举”，但他很快就改变了想法，把闵可夫斯基的工作融入了自己后来的相对论方面的工作中。这是个极好的解决方案。我们不必再认为我们的宇宙是一个笨拙的堆积——三维空间加上与之无关的并行的一维时间，每个人都像马格里特[1]作品中的人物一样在自己的孤立的机场走廊中匆匆前行。相反，我们生活在一个被称为时空的综合“事物”中。

时空间隔——那个奇怪的“距离” $x^2-c^2t^2$——是协调时间和空间的关键所在。在普通的空间里距离可以相加，时间也可相加，但彼此无关。在时空中则不同，因为两者以这种特殊的方式相关联（当另一个人的速度相对我们增加时，其时间则会变缓）。确切地说，就好像在时空中的运动是通过两个里程表来测量的，测量时总是用其中一个减去另外一个。

把时间与空间混合的想法听起来很神秘，但我们可以设想我们在观看一块圆形的表。正面看时，“水平”和“垂直”两个方向的长度相等，将表稍稍倾斜，从一个斜的角度来看，你看到的不再是一个正圆而是一个椭圆。垂直方向的长度似乎变短了。

对此我们并不在意，因为我们知道，如果进行完整测量的话垂直方向的长度依然等于水平方向的长度。它的视长变短只是由我们观察时受到的一些限制造成的一个假象。我们所使用的空间维度与这个例子非常相似。我们知道在地球上我们可以走向正东或正北，但我们也可以在同一时间朝两个方向各走一点儿，也就是说，我们可以向东北方向前行。向北和向东两个方向看起来是区分开的，但是在我们能感知的更大意义上它们可以统一起来。与之相似的还有篮球场中的球迷以不同的形式看到篮筐变形。那些眼睛正好在10英尺高的人看到篮筐呈一条线，在其他高度的人可能会把它看成一个椭圆。但这并不意味着他们认为这些扭曲就是事实。当他们站起来走动时，他们能从足够多的角度观察篮筐，从而得到完整的画面。

然而，在闵可夫斯基所展示的四维时空中，我们这些弱小的碳基生物是不可

[1] 勒内·马格里特（1898—1967），比利时超现实主义画家。——编者注

能跳出去看到完整的情况的，即不可能一次看到所有的空间和所有的时间。然而，利用闵可夫斯基的抽象符号，我们可以认识到这个情况确实存在，所有的部分——所有空间和所有时间——不可分割地联系在一起。

宇宙之方程

爱因斯坦是怎么把这些都融合到一起的呢？他在 1915 年给出的方程与中学甚至大学基础数学课上所教的大不相同，大多数人首次见到时会觉得完全不能理解。即使其最简明的现代形式 $G_{\mu\nu}=8\pi T_{\mu\nu}$ 也不是那么平易近人。但是一旦我们意识到其中的大部分仅仅是各种各样的东西的巧妙缩写，事情就开始变得清晰了。

为了明白这些缩写的真正含义，可以想象一下，我们来到了大学时期爱因斯坦经常光顾的餐馆或咖啡馆之一。假定菜单中食物种类极少，只有炸牛排和啤酒，为了节省时间，服务员并不需要把客户点餐的全部内容记下来，他只需要用印在点餐卡上的小格子即可：

如果服务员送来的订单如下：

1 0

0 1

厨师就知道供应双份炸牛排（因为在两个炸牛排的交汇处有一个“1”）、双份啤酒，别的就没什么需要了。

如果厨师决定疯狂一下，提供第三种食物——烤土豆，那么餐厅需要打印一个大一点儿的点餐卡。新的格子是这样写的：

如果一个服务员写下的点餐卡是这样的：

0 0 1

0 3 0

0 0 0

厨师就知道做一个混合的炸牛排和烤土豆、三个双份啤酒。这显得不怎么健康，但非常可口——而且通过简单的数字模式得到了很好的总结。

假设在苏黎世有几十家这样的餐馆，他们决定不再互相竞争。每家餐馆都决定每餐提供特定的食物，而不是任意的搭配。在一家餐馆里，每一位顾客得到一个混合的炸牛排和烤土豆、三个双份啤酒——仅此而已。另一家苏黎世餐厅门口摆着一个放大的点餐卡，上面这样写道：

网格数字为

1 0 0

0 0 0

0 0 1

所以每个人都知道这家餐馆供应双份炸牛排和双份烤土豆，除此之外别无其他。别的餐馆也固定提供其他可能的组合。每一个简单的数字排列就可以让你知道，你如果走进一家餐馆，将会吃到什么样的美食。

现在回到相对论。假设我们关注的不是食物，而是宇宙的形状。首先，我们需要知道什么构成了维度，即与炸牛排、啤酒和烤土豆相对应的部分。比如在我们的邮票形状的方块先生所在的二维平面的情况下，这些构成维度的分量是沿东西方向的距离变化 dx 和沿南北方向的距离变化 dy。

为了设置点餐卡，并充实它，我们现在需要知道那些部分可以提供哪些特定排列。一旦我们有了那两种数据——用以建立我们的网格的可能性范围，以及在这个范围内可以作出的、填充我们的网格的选择，我们就对我们将要进入的世界有了很多了解。

这种类型的“混合网格加条目”非常接近所谓的度规张量。这个名字很有启发性。用希腊语词根 metron，或者说“米”进行的距离测量，与 18 世纪引入的新法国测量体系——公制一起为人们所熟知。公制体系只是确定事物如何结合在一起的一种方法。每一个超高效的苏黎世餐厅的点餐卡上的数字集合定义了订单的食物组成。这是餐馆的公制——它组织事物的方式。在我们的物质世界中，作为“订单”的一组数字定义了我们宇宙的组成维度是如何组合在一起的。

创造我们的世界

在方块先生的平面国中，背景网格规划了 dx 和 dy 的不同组合——东西方向上走过的距离或南北方向上走过的距离的不同量。这意味着空网格将是这样的：

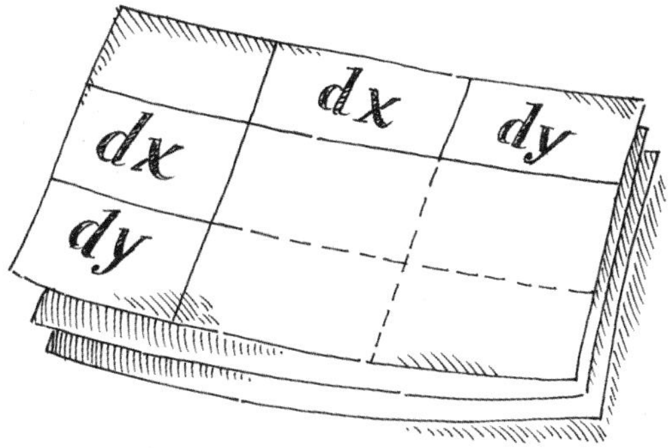

那么如何填充这个网格呢？我们知道，一个面能被定义为平面意味着在它上面勾股定理成立，即如果一个直角三角形的直角边为dx、dy，斜边为ds，则$dx^2+dy^2=ds^2$。作为总结，我们可以在平面国的订单里如下填写：

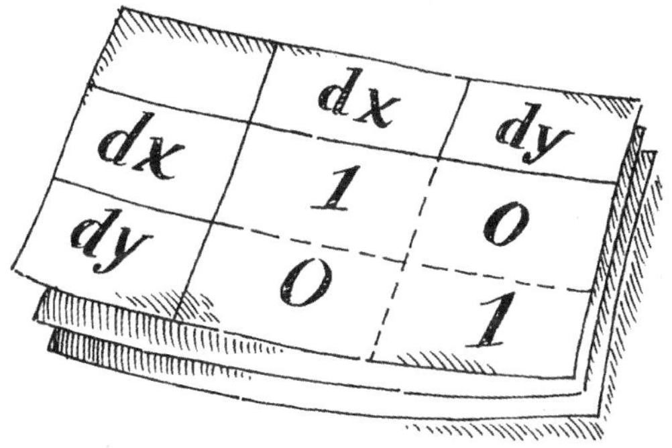

有两个dx和两个dy，没有交叉组合。每样事物都是整齐的：直角三角形合在一起，正方形不向外凸出，可以理所当然地认为时间与空间也是“垂直”的。坚持用这个最直接的方法组合这些量，你会得到一个二维平面。

这种方法的好处在于它可以很容易地扩展。一个仁慈的神俯视他的领地，选取了更多的组合元素，然后，你瞧，创造了一个有着巨大订单卡的餐馆——一个宇宙！

爱因斯坦的方程是用类似的网格构造而成的，但对应不同的境况。它们比平面国的大，不只有 2×2 的格子，也不只允许二维空间（东西向和南北向）存在，而是有 4×4 的格子，因而空间的三个维度和时间的一个维度可以一并呈现。它们的填写规则通常也不像平面国中的那么简单。在二维平面中，对角线上填充的一串 1 意味着利落、整齐、沿直线的组合。那就好像是一个餐馆里不同的菜单项永远不会混合在一起，这在四维的情况中——有 4 个可能项目供选择时——看起来就像这样：

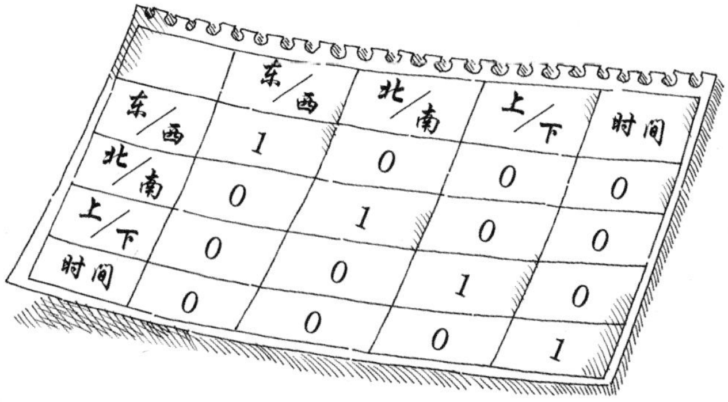

那是一个单调、平坦的世界，就像第 63 页左图中的一样。

如果不同的维度可以进行混合，那么事情就会变得更令人兴奋，而且——爱因斯坦意识到——更接近现实。例如，在那样的情况下，东西方向可以和上下方向结合。这就好比是一家餐馆的厨师进行了激进的改革，放弃了通常提供的双份啤酒或双份炸牛排的组合，不再局限于对角线上的选择，开始提供不同的食物组合。这更接近我们所在的宇宙。结果就像我们在第 63 页右图中看到的：在一些地方上下方向和东西方向混合了，其他方式的混合也有发生。

当你想充分描述所有可能出现的情况时，语言就显得笨拙了。你可以简洁明快地用“方格 $_{34}$ 的值”来取代“第 3 列与第 4 行交叉处的方格的值”。爱因斯坦和格罗斯曼更进一步，他们用字母 g 代替“方格”。然后，当他们想标记多个方格时，他们用希腊字母取代数字作下标。当爱因斯坦写下 g_{34}，他指的是第 3 列和第 4 行交叉处的方格的值；当他写下 $g_{\mu\nu}$ 时，他指的是网格中全部 16 个格子。这很像我们今天在电子表格中提到方格的方式。

爱因斯坦 1915 年想出的那个方程就是如此，它整理后的简洁形式是 $G_{\mu\nu}=8\pi T_{\mu\nu}$。方程左边的大写字母 G 还是要比这里描述的更复杂一点儿，但它的本质就是表达式 $g_{\mu\nu}$——一套填充在 4×4 网格内，表明了某个特定的位置上空间和时间的秩序的值。同样地，$T_{\mu\nu}$ 本质上表示另外一个 4×4 网格的值，这些值描述了在时空的那个位置存在什么——也就是我们会在那里发现的混合的能量和动量。

最重要的是，爱因斯坦认识到了双方之间的本质关系。人们不必到时空中的每一个可能的位置去测量所有的质量和能量来填充两边的格子。那将是一个极其艰巨的任务——而且很难说这句话在多大程度上低估了真实的困难。爱因斯坦的才华已经帮我们完成了一半的工作。一旦确定左边的空间和时间的特定安排，你将会很快搞清楚质量和能量在那里的分布。或者你可以从右边开始，测量 T 网格中的值，然后，利用他的神奇的方程，你将能立刻得到方程的左边，开始描述空间和时间的几何结构。当然，如果左边的值是如此之大，以至于它们会使整个宇宙崩溃，那么你可以减去左边的一部分，这样所有的东西都会平衡而不会崩溃——这就是爱因斯坦在 1917 年用他额外的 Λ 项所做的。

求解这个关系通常是困难的，因为两边的格子里的量不是稳定不变的。从不同的角度看时它们有所不同。例如，如果我看到一个物体静止，则相对于我运动的你就不会看到它是静止的。因为它相对于你在运动，所以它具有动能，通过质能方程 $E=mc^2$ 你会真正感受到它有比我感受到的更大的引力。

同样地，一个相对静止的观察者看到的一个物体的长度与一个运动的观察者看到的不同——后者会短一些。但由于质量不变[1]，而体积变化，所以密度会更高，这些问题都要考虑进来。如何把这所有的情况都综合到一起使我们从不同的角度看时得到的结果都正确？这就是爱因斯坦和格罗斯曼花费了许多时间的地方。

幸运的是，有一些方法可以使计算变得容易一点儿。例如，爱因斯坦关系的每一边都是关于从左上到右下的对角线对称的，因为在这条线一侧的每一项内容在线另一侧的对应位置上都有一个副本（就像点了炸牛排加啤酒的订单与点了啤酒加炸牛排的订单是一样的）。这意味着独立的格子和独立的方程都不是 16 个，而是 10 个：对角线上的 4 个，加上对角线上面的 6 个。这使得 G=T 仅仅是 10 个复杂的方程——这样小小地简化一下，它们至少比 16 个更容易处理。

爱因斯坦的所见

不用求解方程往往也可能得到丰富的见解。例如，我们可以这样来理解时间因重力而弯曲这个说法。想象太空探索技术公司的埃隆·马斯克想在发射前看看他的火箭。他爬进了火箭的底部，看了看他手腕上的手表，然后瞥了一眼火箭顶部——火箭里面的东西已经掏空了所以他可以看到顶部，那里有另一个时钟。他可以看出这两个时钟是同步的，因为从顶部的时钟那里照下来的光到达底部时，手表显示的时间的间隔是稳定的。

一切似乎都很好。

但是突然间，他的好朋友，正在外面旁观的杰夫·贝索斯按下了一个红色的按钮。马斯克觉得他的火箭正在远离地球。他被抛到了火箭底部——他很高兴贝索斯给了他这个机会来体验广义相对论效应，同时注意到了一些奇怪的事情。不知怎的，从顶部或前面发出的光，比以前更快地到达他身边。他对此感到困惑不解。他

[1] 质量并非不变。——译者注

知道他的火箭的长度没有变。光的速度也没有变。

那么为什么这些光会更快地传到他身边呢？

他困惑了好一会儿，然后意识到发生了什么事。因为他正在加速，火箭的后部，即他所在的地方，正在以更快的速度接近火箭前部曾经在的地方。（这正是加速运动的效果，与匀速运动的情况不同。）在火箭底部的马斯克，在光走完火箭的全长之前截住了它——在他的手表来得及走完一秒之前。

他只能得出一个结论。从前面来的光到达得太“早”了。之前的情况中，以他的手表为准，每秒发出一次光，现在发出的光比之前的早。一定是钟走快了。

如果这只发生在火箭内，那么这样的效果可能被认为是由发动机的隆隆振动引起的。但是别忘了，爱因斯坦坚信，如果没有窗户，乘客就不能确定他是否一直在飞离地球。也许他被欺骗了，实际上他仍呆在地上，是重力的作用把他压在了地板上。（这就像在加速的跑车中被“压”在座位上的情况。如果你闭着眼睛，也没感受到晃动，这种感觉和你身后有一个巨大的引力源把你向后拉的感觉是一样的。）

在这种情况下没有观察者能够判断他是在地面上还是已经从地球上飞离，这意味着重力场中存在的不同的时间速率——时钟走的不同速度，会与加速飞行器中存在的时间速率一样。重力越弱，相同的时钟显示时间越快。重力越强，时间过去得越慢。

这听起来很荒谬，但是是真的。当全球定位系统卫星在我们头顶上高速移动时，按照狭义相对论，高速度将导致它上面的时间流逝慢下来。但由于卫星是在12,500 英里高的轨道上飞行，而那里的重力比地面上的小得多，马斯克的想象实验中的效应也发挥了作用。从第二种效应出发，按照广义相对论，卫星上的时间比我们在地球上的时间流逝要快，因为我们身边的更大的引力使时间流逝变慢了。

哪一个因素将占主导地位？在我们的全球定位系统卫星的情况中，其高轨道上较小的重力使每天时间增加 45,000 纳秒，而高速度使每天时间减少 7,000 纳秒。净差值是每天增加 38,000 纳秒。工程师们每天使用这个量“重置”我们的全球定位系统，以保持我们地面上的时间与卫星上的时间同步。如果没有这种修正，我们很快就会远远偏离路线。

还有更多。重力在两个地方的差别越大，广义相对论效应就越明显。太阳表面上的时间流逝比地球上的每年慢一分钟。黑洞附近的时间流逝要慢几百万倍。我们会看到（在某种暗化效应下）一个正在掉入黑洞的宇航员似乎在以惊人的慢动作移动，而对他来说时间是正常的，反而是外面的星系加速了，生命以百万倍的速度前行。从理论上说，在他生命的最后时刻，他可以看到整个文明的兴起和衰落。

然而，他很难真正观察到这样的景象，这不仅仅是因为他带的望远镜的局限性。一个强大到能够产生如此不同的时间速率的重力梯度会对他身体的不同部位产生非常不同的拉力。他抬起的手会受到一定的引力；他的脚如果更靠近黑洞，将受到一个更大的——大得多的——拉力。其他效应也在发生，但就这一项已经足够产生所谓的“面条化”，这时即使是最强的材料也会被撕碎。即使他在地球上的投资可能已经取得成功，他很快也不会有任何机会去享受它们了。

图片版权声明

第 51、52、55、56、57、63、65、73、75、139、207、208、209、211 和 212 页的插图来自 Michael Hirschl，© 2016。

第 XI 页：Esther Bubley, The LIFE Images Collection / Getty Images

第 1 页：SPL / Science Source®

第 8 页：Besso Family, American Institute of Physics, Emilio Segrè Visual Archives

第 9 页：American Institute of Physics, Emilio Segrè Visual Archives / Science Source®

第 10 页：ullstein bild / Pictures from History

第 35 页：ullstein bild / AKG

第 38 页：来自 *Flatland: A Romance of Many Dimensions*, Edwin Abbott Abbott, 1884

第 39 页：来自 *Flatland: A Romance of Many Dimensions*, Edwin Abbott Abbott, 1884

第 69 页：Keystone-France / Getty Images

第 81 页：© UPPA / Photoshot

第 98 页：© Jiri Rezac

第 105 页：Sergey Konenkov, Sygma / Corbis

第 107 页：RIA Novosti / Science Source®

第 118 页：Harvard College Observatory / Science Source®

第 124 页：AP Images

第 127 页：Margaret Bourke-White, Time Life Pictures / Getty Images

第 130 页：SPL / Science Source®

第 134 页：Mondadori Portfolio / Getty Images

第 145 页：Albert Einstein, University of New Hampshire 提供

第 148 页：ullstein bild / Getty Images

第 153 页：ullstein bild / Rainer Binder

第 159 页：Francis Simon, American Institute of Physics, Emilio Segrè Visual Archives / Science Source®

第 165 页：Science & Society Picture Library / Getty Images

第 172 页：American Institute of Physics, Emilio Segrè Visual Archives / Science Source®

第 179 页：Bettmann / Getty Images

参考文献

这里提供了一些特别有价值的书，它们主要面向普通读者。在每一节中，我都用星号标记出了两个我最喜爱的文献。在我的个人网站上还有一个关于这个清单的长长的注释版本。除此之外，《阿尔伯特·爱因斯坦文集》(*The Collected Papers of Albert Einstein*)(普林斯顿：普林斯顿大学出版社，1987—)是基础文献，现已出版 14 卷。

信件、文章和语录

Albert Einstein-Michele Besso Correspondance, 1903–1955. Translated and edited by Pierre Speziali. Paris: Hermann, 1972.

*Born, Max. *The Born-Einstein Letters, 1916–1955: Friendship, Politics and Physics in Uncertain Times.* Translated by Irene Born. London: Macmillan, 2005. First published 1971.

Calaprice, Alice, ed. *The Ultimate Quotable Einstein.* Princeton: Princeton University Press, 2011.

*Einstein, Albert. *Ideas and Opinions.* London: Folio Society, 2010.

Solovine, Maurice. *Albert Einstein: Letters to Solovine.* New York: Philosophical Library, 1987.

传记（与爱因斯坦相识者所著）

*Frank, Philipp. *Einstein: His Life and Times.* New York: Da Capo Press, 2002. First published 1947.

*Hoffmann, Banesh. *Albert Einstein: Creator and Rebel.* New York: Viking, 1972.

Pais, Abraham. *Subtle Is the Lord: The Science and Life of Albert Einstein.* New York: Oxford University Press, 1982.

Seelig, Carl. *Albert Einstein: A Documentary Biography.* London: Staples Press, 1956.

传记（近期出版）

Folsing, Albrecht. *Albert Einstein: A Biography.* Translated and abridged by Ewald Osers. New York: Viking, 1997.

*Isaacson, Walter. *Einstein: His Life and Universe.* New York: Simon & Schuster, 2007.

*Neffe, Jürgen. *Einstein: A Biography.* Translated by Shelley Frisch. New York: Farrar, Straus and Giroux, 2007.

Renn, Jürgen. *Albert Einstein: Chief Engineer of the Universe.* Hoboken, N.J.: Wiley, 2005.

反思和特殊主题

French, A. P., ed. *Einstein: A Centenary Volume.* Cambridge, Mass.: Harvard University Press, 1979.

Galison, Peter. *Einstein's Clocks, Poincaré's Maps.* New York: Norton, 2003.

Gutfreund, Hanoch, and Jürgen Renn. *The Road to Relativity: The History and Meaning of Einstein's "The Foundation of General Relativity"*. Princeton: Princeton University Press, 2015.

Holton, Gerald, and Yehuda Elkana, eds. *Albert Einstein: Historical and Cultural Perspectives.* Mineola, N.Y.: Dover, 1997. First published 1982.

*Levenson, Thomas. *Einstein in Berlin.* New York: Bantam Books, 2003.

Miller, Arthur I. *Einstein, Picasso: Space, Time, and the Beauty That Causes Havoc.* New York: Basic Books, 2001.

*Schilpp, Paul Arthur. *Albert Einstein: Philosopher-Scientist.* LaSalle, Ill.: Open Court Press, 1949.

Stachel, John. *Einstein from 'B' to 'Z'*. Boston: Birkhäuser, 2002.

Stern, Fritz. *Einstein's German World.* Princeton: Princeton University Press, 1999.

相对论

Einstein, Albert. *Relativity: The Special and the General Theory (A Popular Account).* Translated by Robert W. Lawson. New York: Random House, 1995. First published 1916.

Ferreira, Pedro G. *The Perfect Theory: A Century of Geniuses and the Battle over General Relativity.* New York: Houghton Mifflin Harcourt, 2014.

*Geroch, Robert. *General Relativity, from A to B.* Chicago: University of Chicago Press, 1978.

*Susskind, Leonard. General Relativity. Online course. The Theoretical Minimum, Stanford Continuing Studies, http://theoreticalminimum.com/courses/general-relativity/2012/fall.

Taylor, Edwin, and J. Archibald Wheeler. *Spacetime Physics: Introduction to Special Relativity.* New York: W. H. Freeman, 1992.

Thorne, Kip. *Black Holes and Time Warps: Einstein's Outrageous Legacy.* New York: Norton, 1995.

Wald, Robert M. *Space, Time, and Gravity: The Theory of the Big Bang and Black Holes.* Chicago: University of Chicago Press, 1992.

Will, Clifford M. *Was Einstein Right?: Putting General Relativity to the Test.* Oxford: Oxford University Press, 1993.

量子力学

Fine, Arthur. *The Shaky Game: Einstein, Realism, and the Quantum Theory.* Chicago: University of Chicago Press, 1996.

Kuhn, Thomas S. *Black-Body Theory and the Quantum Discontinuity, 1894–1912.* Chicago: University of Chicago Press, 1978.

*McCormmach, Russell. *Night Thoughts of a Classical Physicist.* Cambridge, Mass.: Harvard University Press, 1982.

Polkinghorne, John. *Quantum Theory: A Very Short Introduction.* New York: Oxford University Press, 2002.

*Stone, A. Douglas. *Einstein and the Quantum: The Quest of the Valiant Swabian.* Princeton: Princeton University Press, 2013.

其他人物

*Cassidy, David. *Uncertainty: The Life and Science of Werner Heisenberg.* New York: W. H. Freeman, 1992.

Halpern, Paul. *Einstein's Dice and Schrödinger's Cat: How Two Great Minds Battled Quantum Randomness to Create a Unified Theory of Physics.* New York: Basic Books, 2015.

Heilbron, John. *The Dilemmas of an Upright Man: Max Planck and the Fortunes of German Science.* Cambridge, Mass.: Harvard University Press, 2000. First published 1986.

Moore, Walter. *Schrödinger: Life and Thought.* New York: Cambridge University Press, 2015. First published 1989.

Pais, Abraham. *Niels Bohr's Times, In Physics, Philosophy, and Polity.* New York: Oxford University Press, 1991.

*Rozental, Stefan, ed. *Niels Bohr: His Life and Work as Seen by His Friends and Colleagues.* Hoboken, N.J.: Wiley, 1967.

天文学

Christianson, Gale E. *Edwin Hubble: Mariner of the Nebulae.* Chicago: University of Chicago Press, 1995.

Douglas, Vibert. *The Life of Arthur Stanley Eddington.* London: Thomas Nelson, 1956.

Ferris, Timothy. *Coming of Age in the Milky Way.* New York: Perennial, 2003. First published 1988.

Johnson, George. *Miss Leavitt's Stars: The Untold Story of the Woman Who Discovered How to Measure the Universe.* New York: Norton, 2005.

Levenson, Thomas. *The Hunt for Vulcan: . . . And How Albert Einstein Destroyed a Planet, Discovered Relativity, and Deciphered the Universe.* New York: Random House, 2015.

*Miller, Arthur I. *Empire of the Stars: Obsession, Friendship, and Betrayal in the Quest for Black Holes.* New York: Houghton Mifflin, 2005.

*Singh, Simon. *Big Bang: The Origin of the Universe.* New York: HarperCollins, 2004.